Iperuranio

STEFANO FUGAZZI

IDEE PER L'ITALIA
Abbattere il debito pubblico per restituire allo Stato la sovranità in politica economica

Prefazione di Enzo Lecci

SECONDA EDIZIONE

IDEE PER L'ITALIA
Abbattere il debito pubblico per restituire allo Stato la sovranità in politica economica
© Copyright 2013 Stefano Fugazzi
Proprietà Letteraria Riservata
ISBN 978-1-291-42628-1
Prima edizione: maggio 2013
Seconda edizione: luglio 2013

Per maggiori informazioni visitate
http://stefanofugazzi.wordpress.com/
www.lulu.com/spotlight/stefanofugazzi

oppure

contattate direttamente l'autore al seguente indirizzo di posta elettronica: stefanofugazzi@yahoo.it

Eliminare il debito [pubblico] significa restituire allo Stato la sovranità in politica economica. Il che equivale a dire in quasi tutto poiché nelle società contemporanee non sono molti i problemi che possono essere utilmente affrontati se non si dispone di adeguate risorse.

Giuseppe Guarino

Ci sono due modi per conquistare e sottomettere una nazione e il suo popolo. Uno è con la spada, l'altro è controllando il suo debito.

Abraham Lincoln

Vale la pena parafrasare una celebre battuta di Tiwie, il protagonista della commedia musicale Fiddler on the Roof: "Del debito (privato o pubblico che sia) non bisogna vergognarsi ma neanche esserne fieri."

Giuseppe Pennisi

Una nazione che si tassa nella speranza di diventare prospera è come un uomo in piedi in un secchio che cerca di sollevarsi tirando il manico.

Winston Churchill

Le proposte avanzate (o avanzabili) in materia [di debito pubblico] vanno valutate in base ad almeno tre parametri: il loro possibile impatto in termini di crescita del PIL, il rischio di essere oggetto di una riclassificazione contabile da parte di Eurostat, le loro effettive difficoltà di attuazione.

Astrid

IL DEBITO PUBBLICO NON È UN PROBLEMA QUANDO:

- Aumenta il livello degli investimenti.

- Sostiene la domanda in fasi recessive.

- Redistribuisce le risorse al Paese attraverso il pagamento degli interessi.

- Garantisce il debito delle istituzioni bancarie (e non) durante periodi di stress finanziario.

IL DEBITO PUBBLICO È UN PROBLEMA QUANDO:

- Gli alti tassi di interesse sottraggono risorse destinabili a investimenti produttivi.

- Riduce lo spazio di manovra per politiche fiscali espansive.

- Non crea economia di consumo.

- Grava sulle generazioni future.

SOMMARIO

Prefazione 1

Introduzione 3

Prima Parte: Evoluzione storica del debito pubblico 9

Seconda Parte: Proposte di dismissione e di valorizzazione del patrimonio 33

Terza Parte: Imposte una tantum, prestiti e investimenti volontari o forzosi 59

Quarta Parte: Misure anti-spread 77

Quinta Parte: Proposte articolate su due o più interventi 91

Conclusione 125

Appendici 131

PREFAZIONE

Secondo recenti stime della Commissione UE, il debito pubblico italiano salirà al 132,2% del PIL nel 2014 mentre la disoccupazione andrà oltre la soglia del 12%. Spostandosi all'*hic et nunc*, le ultime indicazioni della Banca d'Italia sul debito pubblico e i dati Istat sul lavoro confermano la quasi inevitabilità di questo scenario e aprono preoccupanti interrogativi sulla coesione sociale del nostro Paese. Dinanzi ad una situazione simile, buonsenso vorrebbe che l'Italia fosse chiamata a intraprendere azioni straordinarie per invertire la rotta in materia di finanza pubblica, crescita e occupazione.

Per farlo sarebbe necessario "prendere le misure" su quello che realmente c'è in ballo e avere una dimensione complessiva del problema. Proprio in questo senso si muove il saggio di Stefano Fugazzi. Le proposte "taglia debito" che l'autore passa in rassegna con rigore scientifico e senza nulla cedere alle opinioni personali, sono tutte basate sullo stesso presupposto: per riavviare la crescita economica e l'occupazione nel nostro Paese è necessario ridurre lo stock di debito e reperire così risorse per finanziare investimenti pubblici e privati, materiali e immateriali. Si tratta di un passaggio inevitabile che tuttavia non sembra essere compreso da una politica che preferisce invece abbandonarsi a sterili partigianerie, a frasi urlate e ai soliti scambi di insulti sulle responsabilità dell'incremento dell'indebitamento mentre tutto resta immutato e da anni si parla della necessità di "fare presto".

Nel saggio di Stefano Fugazzi vengono passate in rassegna, in modo chiaro e comprensibile, anche per i non addetti ai lavori, tutte le principali proposte in materia di riduzione del debito pubblico: dalla parziale cessione del Patrimonio pubblico, alle misure che fanno leva sulla fiscalità, ai piani "anti spread", agli interventi articolati su più azioni. Alcune possono piacere, altre meno, ma tutte, in ogni caso, hanno il non secondario merito di lanciare una pietra nello stagno dei luoghi comuni cercando di stimolare un dibattito che sarebbe oggi come non mai non solo auspicabile ma addirittura urgentissimo. Se questo breve e semplice saggio riuscirà a centrare tale obiettivo portando il dibattito su argomenti che hanno, ogni giorno, un impatto concreto sulla vita di ognuno, allora esso potrà definirsi, nel suo piccolo, un successo.

Il passo successivo sarebbe poi quello, come correttamente annota Fugazzi a conclusione del saggio, di rimuovere quel muro psicologico che impedisce all'Italia, alla cittadinanza e alla classe dirigente (tutti specchi reciproci) di riscrivere la nostra *forma mentis* e quindi il nostro *modus operandi*.

Enzo Lecci, redattore di Investire Oggi

INTRODUZIONE

Il Fiscal Compact approvato dai Paesi dell'Unione Europea, a eccezione di Repubblica Ceca e Regno Unito, impegna l'Italia al raggiungimento di un bilancio pubblico in pareggio e alla riduzione del rapporto debito/PIL al 60% in venti anni, ossia al ritmo del 5% annuo. Stimando il tasso di crescita "potenziale" del PIL italiano tra l'1,5 e il 2,5% l'anno, è illusorio sperare di abbattere il debito pubblico confidando nella crescita reale del PIL e nel conseguimento di avanzi primari.

Il Governo tecnico guidato dal Professor Mario Monti ha promosso un importante aggiustamento fiscale. Dovessero i futuri esecutivi continuare in questa direzione, si incorrerebbe nel rischio di portare il Paese all'apice della curva di Laffer[1] e quindi di disincentivare l'attività economica, ossia di erodere il gettito fiscale potenziale e pertanto di accrescere deficit e indebitamento complessivo.

La presenza di un elevato stock di debito deprime la crescita e accresce le probabilità di default. Diversi recenti studi dimostrano che quando il rapporto debito pubblico/PIL supera l'85%, l'eccessivo stock di debito

---

[1] La curva di Laffer mette in relazione il gettito fiscale reale con l'aliquota di imposta. La teoria suggerisce che esiste un livello del prelievo fiscale oltre il quale l'attività economica non è più conveniente e, di conseguenza, il gettito tende ad azzerarsi.

rallenta la crescita di almeno un punto percentuale². Se l'economia attraversa una fase recessiva, l'indebitamento complessivo aumenta, accrescendo i timori – da parte dei mercati finanziari – della solvibilità del Paese, una dinamica che comporta il pagamento di un maggiore premio sul rischio, nella forma di maggiori rendimenti e quindi maggiori costi di rifinanziamento sul debito.

Per gettare le basi di un rilancio sostenibile sarebbe necessario attuare con massima urgenza interventi straordinari mirati alla riduzione dello stock di debito pubblico.

Il biennio appena trascorso ha visto un *parterre de roi* composto da acclamati economisti e imprenditori formulare un cospicuo numero di soluzioni "taglia debito"³. Questo volume intende riassumere e mettere a confronto alcune tra le più autorevoli proposte in tema di gestione e riduzione del debito pubblico.

***

Il saggio è suddiviso in sei parti. La Prima Parte presenta due documenti sulla spesa pubblica e sull'evoluzione del debito negli anni successivi alla ratifica del Trattato di Maastricht. La Seconda Parte raccoglie le principali proposte in tema di dismissione e di valorizzazione del patrimonio pubblico in funzione di riduzione del debito.

---

[2] Hoogduin L., Oztturk B., Wierts P., 2011; Legrenzi G.D., Milas C., 2011.
[3] Si faccia riferimento alle proposte illustrate in questo saggio.

Nella Terza Parte vengono, invece, prese in esame le misure che fanno leva sulla fiscalità e le imposte *una tantum* mentre la Quarta Parte approfondisce alcune proposte in materia di contenimento dei costi di rifinanziamento sul debito. La Quinta Parte riporta una serie di proposte che presentano modelli di intervento articolati su due o più azioni. Infine, in Appendice si troveranno alcuni dati sulle emissioni di Titoli di Stato e il debito pubblico nel nostro Paese.

Stefano Fugazzi

PRIMA PARTE:
EVOLUZIONE STORICA DEL DEBITO PUBBLICO

EVOLUZIONE DELLA SPESA PUBBLICA IN ITALIA

Estratto de "La Spesa dello Stato Dall'Unità d'Italia – Anni 1862-2009", Ministero dell'Economia e delle Finanze – Dipartimento della Ragioneria Generale dello Stato (gennaio 2011)[4].

La spesa pubblica, il suo livello e la sua composizione, racchiudono gli elementi essenziali delle scelte effettuate nella storia di una nazione. A 150 anni dall'Unità d'Italia questa breve nota ripercorre l'evoluzione della spesa e mette in evidenza alcune sue caratteristiche, anche attraverso il confronto tra l'Italia e altri paesi.

Evoluzione spesa pubblica complessiva

A partire dal XX secolo la spesa pubblica è aumentata considerevolmente e in maniera generalizzata in tutti i paesi europei e extra-europei economicamente egemoni, indipendentemente dalle differenze istituzionali e di contesto. La dinamica e la composizione della spesa in percentuale del PIL non sono state uniformi nel tempo. È comunque possibile individuare alcuni periodi caratterizzati da una maggiore regolarità del fenomeno:

- dal 1870 al 1913 il livello di spesa ha mediamente assunto valori al di sotto del 15 per cento del PIL (in

---

[4] Fonte: http://www.rgs.mef.gov.it/_Documenti/VERSIONE-I/Servizio-s/Studi-e-do/La-spesa-dello-stato/La_spesa_dello_Stato_dall_unit_d_Italia.pdf

particolare nel 1870 si osservano i valori del 13,7 per cento per l'Italia, 10,4 per cento per la media dei paese europei e l'11,5 per cento per la media dei paesi extraeuropei; nel 1913 17,5 per cento per l'Italia, 13,1 per cento per i paesi europei e il 10,8 per cento per i paesi extraeuropei);

- nel periodo tra le due guerre mondiali e della "grande depressione", che hanno stimolato politiche espansionistiche, è significativo il peso della spesa pubblica sul PIL. Negli anni Venti furono introdotti i primi sistemi di sicurezza sociale e negli anni Trenta in alcuni Paesi – in risposta alla minaccia delle politiche belliche in Europa poi sfociate nella seconda guerra mondiale – si è assistito alla crescita della spesa militare. Nel 1937 la spesa pubblica in percentuale al PIL era del 31,1 per cento per l'Italia, del 23,1 per cento per i paesi europei e il 22 per cento per i paesi extraeuropei;

- dal secondo dopoguerra fino agli anni Ottanta, periodo in cui il coinvolgimento crescente dello Stato nell'economia ha portato ad un incremento della spesa da destinare all'azione pubblica allocativa, redistributiva del reddito e di stabilizzazione ciclica, è stato rapido e significativo l'aumento della spesa. In questi anni i sistemi di welfare hanno contribuito all'incremento e rafforzato il nuovo ruolo dello Stato. Nel 1980 la spesa pubblica ha raggiunto in Italia il 40,6 per cento del PIL contro il 30,1 per cento del

1960; in media i paesi europei sono passati dal 29,5 per cento del 1960 al 46,8 per cento del 1980; i paesi extraeuropei sono passati dal 24,2 per cento del 1960 al 35,2 per cento del 1980;

- a partire dagli anni Novanta, vi sono stati significativi mutamenti istituzionali in molti paesi. A fronte della crescita della spesa pubblica si sono diffuse pratiche volte a coinvolgere capitali privati nel finanziamento delle opere pubbliche, sono state create public authorities, e si è assistito a un decentramento della spesa verso i livelli di governo locale. La sostenibilità futura della spesa, sempre più trainata dai cambiamenti della struttura demografica, diventa un tema importante di dibattito. In molti paesi, sono state introdotte regole fiscali.

In media i paesi extraeuropei mostrano un rapporto spesa sul PIL inferiore a quelli europei, con l'Italia che assume, a seconda dei periodi, valori intermedi ai due gruppi oppure superiori a quelli europei.

Evoluzione della spesa direttamente legata alla produzione di servizi

La spesa direttamente legata alla produzione di servizi è cresciuta notevolmente nell'arco dell'ultimo secolo e mezzo in tutti i paesi analizzati[5], passando da meno del

---

[5] Il documento prende in esame dodici Paesi dell'Unione Europea più Australia, Canada, Giappone, Nuova Zelanda e Stati Uniti d'America.

10 per cento a circa il 22 per cento del PIL. L'incremento è generalmente guidato dall'aumento delle spese per il personale, che mediamente è raddoppiato tra la fine dell'800 e gli anni Trenta, e tra gli anni Trenta e Sessanta. Nel primo periodo questo aumento si riflette direttamente sull'andamento dell'indicatore, mentre nel secondo è stato compensato parzialmente dalla diminuzione delle spese per l'acquisto di beni e servizi connessi alle attività belliche legate alle due guerre mondiali e alla ricostruzione. Dopo gli anni Sessanta la spesa direttamente legata alla produzione dei servizi sul PIL ha continuato a crescere, anche se con una dinamica assai più contenuta rispetto al periodo precedente.

Questa componente della spesa rappresentava prima degli anni Sessanta circa metà della spesa pubblica totale, diminuendo al 43 per cento degli Ottanta e stabilizzandosi su livelli appena superiori (circa 45-48 per cento) negli anni più recenti.

In Italia la spesa direttamente legata alla produzione di servizi in rapporto al PIL si mostra inferiore a quella di altri paesi analoghi e negli ultimi anni si è assestata su valori pari a circa il 19 per cento del PIL.

Evoluzione della spesa per funzioni principali

Come già evidenziato, il livello di spesa pubblica sul PIL in Italia non differisce di molto da quello della media degli altri paesi europei e tende ad assumere lo stesso andamento storico. Emergono tuttavia, dal punto di vista della composizione della spesa per funzione, alcune specificità.

Il confronto internazionale tra finalità a cui la spesa è diretta è facilitato, a partire dal 1990, dall'adozione di classificazioni armonizzate come la COFOG (*Classification of the functions of government*). Dall'analisi di queste statistiche si osserva come in Italia la spesa per la protezione sociale in rapporto al PIL è più elevata rispetto alla media degli altri paesi europei ed è caratterizzata da una componente più elevata relativa ai trattamenti pensionistici. Per quanto riguarda l'istruzione si osserva, invece, un rapporto più basso rispetto al PIL della spesa italiana.

È, inoltre, da ricordare come il caso italiano sia caratterizzato da una spesa per interessi (contenuta nella funzione "amministrazione generale") pari a circa il doppio in termini percentuali rispetto alle principali economie europee, come conseguenza dell'elevato debito pubblico.

La quota di spesa riferibile allo Stato in Italia

La spesa dello Stato rappresenta la quota preponderante della spesa sostenuta dal settore delle Amministrazioni pubbliche (AAPP). La serie storica più lunga al momento disponibile dell'incidenza della spesa dello Stato sulla spesa pubblica complessiva in Italia è fornita dall'Istat nell'ambito delle statistiche di finanza pubblica elaborate secondo le definizioni e le metodologie di contabilità nazionale (Istat, 2010). Il bilancio dello Stato espone la spesa sostenuta dai Ministeri finalizzata alla produzione di servizi destinati alla collettività, al sostegno degli altri settori dell'economia e al finanziamento di altre AAPP. Questi trasferimenti sono trasformati dalle Amministrazioni pubbliche che li ricevono in altrettanti servizi ed erogazioni monetarie destinate alla collettività. La spesa dello Stato al netto dei trasferimenti alle altre AAPP rappresenta quanto direttamente percepito dalla collettività come intervento statale; i trasferimenti alle altre AAPP, invece, rappresentano quanto della loro azione pubblica viene finanziata dallo Stato.

La spesa dello Stato al netto dei trasferimenti alle altre AAPP[6] ha rappresentato il 38,3 per cento della spesa pubblica complessiva nel 1980 (il 71,2 per cento al lordo dei trasferimenti) e quote crescenti fino al 1995, anno in cui ha raggiunto il 47,6 per cento (il 71,7 per cento al lordo dei trasferimenti); dal 1995 la quota è gradualmente diminuita fino al 30,5 per cento nel 2009 (il 57,4 per cento al lordo dei trasferimenti).

L'andamento conferma la tendenza, dalla metà degli anni Novanta, a un diffuso trasferimento di competenze da parte dello Stato alle altre AAPP per la produzione di servizi. A ciò si affianca una diversa capacità di finanziarsi da parte di queste ultime, le quali hanno

---

[6] La percentuale di spesa dello Stato al lordo dei trasferimenti ad altre AAPP secondo i criteri della contabilità nazionale non è identica alla quota del bilancio dello Stato. Ne fornisce tuttavia una buona approssimazione (al netto del rimborso dei prestiti).

sostituito i finanziamenti da parte dello Stato con fonti proprie. I trasferimenti dello Stato ad AAPP hanno rappresentato nel 1980 il 32,9 per cento della spesa pubblica complessiva, nel 1985 il 37 per cento, nel 1990 il 28,8 per cento, nel 1995 il 24,1 per cento, nel 2000 e nel 2005 il 23,5 per cento e nel 2009 il 26,9 per cento.

La spesa del bilancio per categoria economica

La composizione della spesa secondo la natura economica ha subito notevoli cambiamenti nell'arco dell'ultimo secolo e mezzo. I dati sul peso relativo delle principali categorie economiche segnalano:

- una riduzione del peso di spesa direttamente legata alla produzione di servizi, che è praticamente dimezzata dalla fine dell'Ottocento ad oggi, passando da valori attorno al 35-40 per cento fino agli anni Sessanta, a valori prossimi al 15 per cento nell'ultimo decennio;

- una sostanziale stabilità della quota relativa alla spesa per il personale (circa tra metà e due terzi della spesa direttamente legata alla produzione di servizi) fino alla metà degli anni Cinquanta. Emergono periodi in cui il peso della spesa per il personale è ben inferiore negli anni delle due guerre mondiali. Tale categoria assorbiva, invece, dall'80 al 90 per cento della spesa direttamente legata alla produzione di servizi negli anni più recenti;

- l'andamento piuttosto irregolare del peso della spesa in conto capitale, che rappresentava circa il 5 per cento del totale negli anni subito successivi all'Unità d'Italia, ha visto periodi con punte superiori al 10 per cento tra il 1882 e il 1890, il 1905 e il 1915 e tra il 1924 e 1935, e superiori al 20 per cento tra metà degli anni Quaranta a metà degli anni Sessanta, per assestarsi a circa l'8 per cento dalla metà degli anni Novanta in poi;

- un considerevole aumento della quota di spesa per trasferimenti ad altre amministrazioni pubbliche, alle famiglie e alle imprese. Fino ai primi del Novecento era inferiore al 15 per cento della spesa complessiva, ha seguito un andamento discontinuo fino al secondo dopoguerra, per poi crescere a livelli tra il 40 e 55 per cento fino all'inizio degli anni Novanta e, infine, contrarsi su valori tra il 30 e il 40 per cento;

- la spesa per interessi rappresentava circa un terzo della spesa complessiva nei primi decenni dell'Unità d'Italia; valori compresi tra il 10 e il 20 per cento nel periodo dei conflitti mondiali; il 6 per cento circa, fino all'inizio degli anni Settanta. Da allora in poi, anche a causa di fenomeni inflazionistici che hanno determinato significative variazioni nei tassi d'interesse nominale, si è assistito a un incremento costante tale da assorbire circa un quarto della spesa totale nei primi anni Novanta, per poi diminuire ai valori attuali, intorno al 10 per cento;

- l'andamento discontinuo della quota di spesa sostenuta per il rimborso di prestiti nei primi cento anni esaminati, dove assume valori superiori al 20 o 30 per cento solo in alcuni anni specifici, ma inizia a crescere stabilmente a partire dagli anni Ottanta fino a rappresentare oltre il 25 per cento della spesa negli anni più recenti.

IL DEBITO PUBBLICO ITALIANO DA MAASTRICHT IN POI

Estratto dell'audizione del Professore Giuseppe Guarino presso il Senato della Repubblica (26 gennaio 2006)[7].

Oggetto: Indagine conoscitiva sugli effetti e le tecniche di controllo dei flussi di finanza pubblica in ordine all'andamento del debito, con particolare riferimento alla componente non statale.

Signor Presidente, onorevoli Senatori,

È per me un onore, per il quale vivamente ringrazio, sottoporre all'attenzione di un organo costituzionale sovrano riflessioni sul tema del debito pubblico, nel quale da anni mi sento fortemente coinvolto.

Potrebbe sembrare che si sia fuori tempo massimo. La Vostra convocazione giunge invece nel momento giusto.

Se riuscissimo a persuaderci che il tema esiste, che è importante, è inderogabile, gli schieramenti politici potrebbero esserne indotti ad inserirlo nei loro programmi di governo.

---

[7] Fonte:
http://www.senato.it/japp/bgt/showdoc/frame.jsp?tipodoc=SommComm&leg=14&id=173314

Il modo più semplice per affrontare la questione è di considerare come essa sia comune a qualsiasi soggetto, persona fisica, impresa o Stato che sia gravato da un debito che superi un livello normale. Cosa conviene fare? Ridurre il debito poco alla volta od eliminare d'un colpo tutta la parte che eccede la media?

Più che dalla teoria la risposta può venire dalle cifre. Il livello massimo ammissibile del debito è stato fissato dal Trattato di Maastricht nel rapporto del 60 per cento rispetto al PIL. A fine 1991 l'Italia superava di parecchio questo livello. Vi era dunque un obiettivo vincolato. Occorreva far scendere il rapporto sino al 60 per cento.

Si può oggi conoscere con certezza quanto per questo scopo abbiamo speso dal 1º gennaio 1992 al 31 dicembre 2005.

Il calcolo va effettuato nel seguente modo. La spesa per interessi risulta ufficialmente dai bilanci annuali dello Stato. Va depurata della quota che sta al di sotto del 60 per cento e va rivalutata. Vanno aggiunti, egualmente rivalutati, i proventi da privatizzazioni. Il totale al 31 dicembre 2005 ammonta a 889 miliardi di euro.

Anche il risultato è un dato certo. Al 31 dicembre 2005 il rapporto debito/PIL per l'Italia è stato pari al 108,6 per cento.

Si era partiti dal 100,8 del 1º gennaio 1992. Non un progresso, dunque, ma un visibile passo indietro.

Il rapporto debito/PIL del 1º gennaio 1992, come quello del 31 dicembre 2005, risulta da dati ufficiali.

Il totale di 889 miliardi, accumulatosi in 14 anni, corrisponde ad una media di circa 63,5 miliardi ad anno.

L'andamento non è costante. È variato dai 63 miliardi del 1992, ai 79 miliardi del 1993, ai 76 del 1994, ai 77 del 1995, ai 78 del 1996, sino a toccare la punta massima di 83,040 miliardi nel 1997, per scendere negli anni successivi.

Negli ultimi cinque anni è oscillato da un massimo di 56 miliardi e più nel 2003 ad un minimo di 42 miliardi di euro del 2005.

Le cifre diventano più significative se tradotte in dati concreti. Il DPEF del 2005 indica obiettivi, tutti pienamente condivisibili: dotazione in infrastrutture, interventi a sostegno di investimenti in capitale ed uomini, innovazioni tecnologiche, ricerca. Quanti di questi interventi non sono stati realizzati in corrispondenza delle risorse impiegate per il servizio del debito? Quanti avrebbero potuto realizzarsi in più, se si fosse potuto disporre dei circa 60 miliardi divorati dal debito?

Il danno prodotto dall'esborso degli 889 miliardi non è solo finanziario. Persino maggiore è quello subito dall'economia che, per effetto del salasso continuo e costante, è entrata in una fase prima di rallentamento, poi di stagnazione.

La media della crescita del PIL negli anni dal 1992-2005 è stata pari a 1,51 per cento contro quella del 2,62 per cento dei 14 anni antecedenti.

Negli ultimi cinque anni la media della crescita del PIL è risultata inferiore a quella dei nove anni anteriori: 0,78 per cento contro 1,90 per cento. La crescita del PIL nel 2005 è stata pari a zero.

L'ingente volume di risorse erogate al servizio del debito è stato inutile. Ha prodotto danno. Rispetto al dato di partenza (100,8 del 1º gennaio 1992) si sono perduti quasi 8 punti. Il rapporto debito/PIL è salito al 108,6 per cento al 31 dicembre 2005.

Su questi dati occorre una riflessione approfondita e pacata. Bisogna risalire alle cause. Se sono stati commessi errori, bisogna evitare che si ripetano.

Una prima causa va individuata in un fenomeno anomalo che si è manifestato in forma acuta nei primi tre anni di applicazione del Trattato, ma i cui effetti continuano a prodursi sia pure in misura attenuata.

Secondo un convincimento diffuso come punto di partenza dovrebbe assumersi un rapporto del 124,8 per cento. 124,8 per cento è il dato del 1994. Il Trattato, in Italia come in tutti gli altri Paesi membri, ha ricevuto applicazione dal 1º gennaio 1992. A quel giorno il debito era pari al 100,8 per cento del PIL. Come mai dal 100,8 si è passati al 124,8 per cento?

Nelle corse al trotto i cavalli più forti partono arretrati. L'Italia nel 1991 faceva parte del gruppo dei Paesi meno forti. Avrebbe dovuto se mai ricevere un vantaggio. Al contrario, è stata penalizzata con un divario aggiuntivo di quasi 25 punti corrispondente ad oltre la metà del distacco iniziale, che da 40 saliva a 65 punti.

Il fenomeno della crescita anomala del debito nel rapporto con il PIL si è prodotto in tutti gli Stati, ma con maggiore celerità e in misura più elevata nei Paesi con debito più elevato. Nel Belgio il cui rapporto debito/PIL superava quello italiano il picco, 138 per cento, è stato raggiunto nel 1993, in Italia, 124,8 per cento, nel 1994.

Nei tre anni 1992-1994 la condotta dell'Italia era stata virtuosa. Avevamo realizzato 6,9 punti complessivi di avanzo primario, mentre nell'area euro, esclusa l'Italia, l'avanzo primario era risultato inferiore allo zero.

Segno dunque che la causa aveva origini esterne. Il fenomeno in effetti è addebitabile al Trattato. Precisamente all'errore dell'aver fissato tempi troppo stretti per l'abbattimento dell'inflazione e per la stabilizzazione dei prezzi, condizioni che gli Stati avrebbero dovuto realizzare per essere ammessi al sistema euro. Per il giudizio sulla ammissibilità era stata fissata la data del 31 dicembre 1996. Ma già un primo scrutinio avrebbe dovuto effettuarsi entro il 1º gennaio 1994.

Con l'inflazione si abbassarono in modo coordinato tutte le variabili dell'economia. Ma il debito pregresso contratto a lungo e medio termine doveva necessariamente sottrarsi alla tendenza generale. L'onere medio del debito era stato in Italia del 13,32 per cento nel 1991. Nel 1997 era ancora dell'8,15 per cento contro una inflazione caduta all'1,7 per cento.

Il ritmo di sviluppo dell'economia si abbassava per effetto della sottrazione delle risorse da destinarsi al pagamento degli interessi. Sul versante opposto il debito percentualmente si elevava.

La vicenda dei primi tre anni ha prodotto un effetto devastante per la nostra economia. In sua assenza, considerato che si era partiti dal 100,8 per cento del PIL, i quasi 900 miliardi spesi fino al 31 dicembre 2005 sarebbero bastati per raggiungere il 60 per cento.

Per quale ragione, nonostante il fenomeno imprevisto della crescita abnorme del rapporto debito/PIL nei tre anni 1992-94, non si è tentato di abbattere il debito? Sarebbe stato allora abbastanza facile, molto più di quanto non lo sia oggi. Hanno concorso altre cause.

Una va riposta ancora nel Trattato, precisamente nelle formulazione dell'articolo 104 C che ha generato prospettazioni errate. La norma, nel disciplinare i parametri, ha attribuito un carattere rigido al limite fissato per l'indebitamento annuo (3 per cento), mentre, quanto al debito (60 per cento), si limita a chiedere che ci si avvicini al valore di riferimento con un ritmo adeguato. Ne è derivato il convincimento che non fosse necessario per lo Stato assoggettarsi ad uno sforzo cospicuo per eliminare d'un colpo la parte in eccesso del debito. Al 60 per cento si sarebbe giunti in modo fisiologico per effetto della crescita sostenibile, costituente l'obiettivo prioritario dell'Eurosistema.

In coerenza con tale lettura del Trattato si è affermato, sia in Italia sia in sede comunitaria, l'indirizzo dell'avanzo primario. Sarebbe stato sufficiente ridurre le spese rispetto alle entrate e destinare la differenza al servizio del debito.

Lo Stato si è comportato al modo di parecchie antiche famiglie nobiliari che, quando le rendite non sono state più sufficienti per sostenere un antecedente e ricco tenore di vita, si sono prima indebitate, poi hanno cominciato a cedere le tenute agricole per pagare anno per anno gli interessi e, quando i fondi sono terminati, hanno venduto le dimore avite.

Applicando il criterio dell'avanzo primario sono stati spesi 889 miliardi con l'effetto che stiamo oggi peggio di quanto non fossimo al punto di partenza (108,6 a fine 2005 contro 100,8 del gennaio 1992).

Se si fosse provveduto al pronto abbattimento della quota in eccesso del debito, si sarebbe realizzato, in ciascuno degli anni successivi al 1992, un forte risparmio sul totale di 889 miliardi effettivamente sborsati a tutto il 2005. La somma da spendere per abbattere il debito al livello del 60 per cento del PIL a partire dal 1991 ed in ciascuno degli anni successivi, in moneta rivalutata, sarebbe stata pari rispettivamente a 457, 538, 650, 730, 743, 748, 736, 708, 706, 669, 675, 646, 631, 639, fino a 673 miliardi di euro nel 2005. Il risparmio sarebbe stato correlativamente di 889 miliardi nel 1991 e rispettivamente, in moneta rivalutata ed eliminando le migliaia, di 825, 751, 675, 597, 519, 436, 371, 295, 246, 194, 146, 89, 41, 0 miliardi di euro in ciascuno degli anni successivi sino al 2005 compreso.

Una obiezione che viene mossa all'abbattimento immediato del debito è che con una inflazione pari, se non leggermente superiore ai tassi di interesse a breve, lo Stato in pratica si indebita a costo zero. Se si ha riguardo al rapporto con il creditore, l'osservazione è esatta. Non regge invece, anche a prescindere dalle osservazioni relative al debito pregresso, se il discorso è posto con riguardo al parametro comunitario. Il debito esiste e cresce anche se il tasso è basso e al limite pari all'inflazione. Entra egualmente a comporre il tetto al di là del quale l'economia non si può espandere. Il tasso nominale, anche se basso, deve comunque essere iscritto in bilancio e corrisposto. Senza parlare del rischio, oggi tutt'altro che improbabile, che i tassi di interesse crescano. Il tasso a breve negli anni più recenti si è avvicinato al 2 per cento. Se fosse stato del 4 per cento, invece degli 889 miliardi, ne avremmo versati parecchi di più.

Gli 889 miliardi di euro effettivamente pagati non sono piovuti dal cielo. Ed è una somma che continuerà a crescere. Se i tassi aumentassero, la voragine diverrebbe senza fondo.

Un elemento rilevante è la crescita del PIL. Per la stabilizzazione del debito italiano nel medio-lungo periodo occorre una crescita reale costante di 2 per cento. Una crescita costante superiore al 2 per cento concorrerebbe in modo fisiologico al miglioramento del rapporto debito/PIL. Il DPEF contiene previsioni di crescita del PIL per l'anno in corso e per i tre anni successivi. Se le circostanze inducono a previsioni ottimistiche il peso del debito viene attenuato. Il raffronto delle previsioni con il tasso di crescita reale effettivo e con l'avanzo primario dimostrano che le ipotesi formulate sono state costantemente irrealistiche. Il divario è grande.

Ci si è cullati in speranze che non si sono realizzate. Le speranze sono dure a morire. Ma si dice anche che chi di speranza vive, di speranza muore.

SECONDA PARTE:

PROPOSTE DI DISMISSIONE E DI VALORIZZAZIONE DEL PATRIMONIO

MASERA-BIVONA: UNO SWAP DEBITO PUBBLICO-PATRIMONIO

La proposta Masera-Bivona per ridurre il debito pubblico e valorizzare le proprietà demaniali: la conversione del debito in quote di investimento in una società di investimento immobiliare quotata.

Un'operazione di swap di debito con patrimonio finalizzata a trasferire in mano ai detentori di Titoli di Stato una parte degli immobili della Pubblica Amministrazione che sarà poi gestita, valorizzata e dismessa dagli azionisti di una S.p.A. nata sulle ceneri dell'Agenzia del Demanio. È la proposta avanzata da Rainer Masera, ex ministro del Bilancio e Programmazione Economica del Governo Dini, e Giuseppe Bivona, ex dirigente di Goldman Sachs e Morgan Stanley, per ridurre di 100-200 miliardi di euro il debito pubblico senza, tuttavia, ricorrere né a nuove manovre d'austerità né alla dismissione delle partecipazioni statali nei gioielli di famiglia quali Enel, Eni e Finmeccanica[8]. L'obiettivo dello swap debito-patrimonio è quello di massimizzare i proventi derivanti dalle dismissioni allestendo un'operazione "cash neutral" sia per lo Stato sia per gli investitori.

---

[8] "Austerità fiscale e crescita: binomio o antinomia?", R. Masera, G. Bivona, 2012.

Il trasferimento diretto del patrimonio ai detentori del debito pubblico

La proposta Masera-Bivona prevede la cessione di una parte degli immobili demaniali attraverso un'Offerta Pubblica di Scambio ("OPS") destinata ai soli detentori di BOT, CCT e BTP scambiando, a titolo volontario, i Titoli di Stato con le azioni di una società appositamente costituita alla quale conferire il patrimonio oggetto di dismissione.

L'operazione potrebbe essere allestita privatizzando l'Agenzia del Demanio trasformandola in una società di investimento immobiliare quotata, le cui azioni sarebbero successivamente offerte al mercato tramite una OPS diretta ai detentori di Titoli di Stato. Nel momento in cui gli attuali detentori del debito pubblico accettassero di acquisire asset in cambio del debito, sarebbero i nuovi azionisti, ovvero gli ex obbligazionisti, a definire tempi, modalità e logiche per la valorizzazione e la dismissione del patrimonio immobiliare demaniale.

Uno swap "cash neutral" a tutela degli investitori italiani

Secondo Rainer Masera e Giuseppe Bivona i mercati vedrebbero di buon occhio lo swap debito-patrimonio. In primis perché si tratterebbe di un'operazione "cash neutral" sia per lo Stato sia per gli investitori. Ai nuovi azionisti della Demanio S.p.A. non si richiederebbe, infatti, di investire sul "rischio Italia" acquistando nuove emissioni debitorie, bensì di rilevare asset sostenuti da garanzie reali, ovvero gli immobili dismessi. In secondo luogo, essendo lo swap rivolto esclusivamente ai soggetti già in possesso di titoli di debito, le quote azionarie italiane ed estere della Demanio S.p.A. ricalcherebbero sostanzialmente quelle obbligazionarie e pertanto, almeno inizialmente, non sussisterebbe il rischio di consegnare in mani straniere una parte rilevante del patrimonio immobiliare. Dovesse, infatti, lo swap essere completato oggi, gli investitori domestici controllerebbero all'incirca il 50-55% delle azioni della Demanio S.p.A. mentre il restante 45-50% sarebbe detenuto da investitori stranieri e di origine italiana.

FRATIANNI-RINALDI-SAVONA: OBBLIGAZIONI "CUM WARRANT"

Abbattere lo stock di debito pubblico di 400 miliardi di euro rinegoziando le scadenze dei Titoli di Stato e dismettendo gli asset non strategici attraverso l'emissione di obbligazioni "cum warrant".

Rinegoziare le scadenze di tutti i Titoli di Stato ed emettere obbligazioni "cum warrant" su tutti gli asset non strategici per portare il rapporto debito/PIL al di sotto del 100% e ridurre i costi di rifinanziamento di 30-40 miliardi di euro all'anno. È la cura "taglia debito" proposta da Michele Fratianni, Antonio Maria Rinaldi e Paolo Savona nell'estate 2012. Secondo questi, la rimodulazione di tutte le scadenze debitorie a sette anni e la valorizzazione di asset e beni disponibili e non strategici consentirebbero allo Stato di conseguire il raggiungimento dei vincoli previsti dal Fiscal Compact – ovvero la riduzione del 5% annuo del debito – e, allo stesso tempo, di destinare maggiori risorse a sostegno degli investimenti pubblici e privati.

La rimodulazione a sette anni delle scadenze di tutti i titoli di debito

La cura "taglia debito" proposta dai tre economisti italiani si articola in due fasi. Il primo step prevede il consolidamento del debito pubblico posticipando di sette anni la scadenza di tutti i titoli emessi dal Tesoro indipendentemente dalla tipologia e dalla vita residua. Una simile operazione darebbe al Governo una boccata d'ossigeno consentendogli di portare a compimento le politiche di risanamento intraprese nel corso dell'ultimo biennio e, al tempo stesso, rendendosi indipendente dagli oneri finanziari derivanti dall'incorporazione dello spread nella struttura del debito e del bilancio.

La creazione di una Newco ed emissione di warrant

La "fase 2" della proposta Fratianni-Rinaldi-Savona prevede, invece, il trasferimento di beni e asset disponibili e non strategici a una Newco allo scopo di emetterebbe obbligazioni "cum warrant" per un controvalore complessivo di 380-400 miliardi di euro. In questo modo si otterrebbe liquidità da trasferire immediatamente al Tesoro per ridurre il debito, senza immettere materialmente questi beni sul mercato e dando al warrant la funzione di essere il mezzo per successivamente entrare in possesso dei beni oggetto di dismissione.

Gli interessi da corrispondere, indipendentemente dalla tipologia dei titoli (tasso fisso, tasso variabile, indicizzati e BOT), sarebbero determinati annualmente, con pagamento semestrale, sulla base di due indicatori: il tasso di inflazione e il 20% del tasso di crescita del PIL (solo se positivo). Perché il collocamento di obbligazioni "cum warrant" possa riscuotere il gradimento dei mercati, gli economisti ritengono opportuno inserire nell'operazione una gamma di incentivi fiscali accettando, inoltre, pagamenti sia in cash sia in Titoli di Stato.

La doppia operazione, ovvero la ristrutturazione del debito e l'emissione di obbligazioni "cum warrant", non solo ridurrebbe lo stock di debito pubblico di quasi 400 miliardi, ma comporterebbe anche il risparmio di 30-40 miliardi annui sui costi di rifinanziamento, un importo che potrebbe essere destinato alla crescita e all'abbattimento del cuneo fiscale.

PDL: ECCO COME RIDURREMO IL DEBITO PUBBLICO DI 400 MILIARDI

In autunno il Governo presenterà un articolato piano "taglia debito" che potrebbe riprendere molte delle proposte avanzate dagli economisti di centrodestra. Tra le soluzioni più gettonate le "obbligazioni cum warrant" di Paolo Savona e Antonio Maria Rinaldi.

La notizia è passata in secondo piano, ma stando al Corriere della Sera del 7 luglio scorso ("Immobili e dismissioni da 400 miliardi, il governo studia il piano taglia-debito"), entro l'autunno il Primo Ministro Letta dovrebbe non solo riavviare la spending review, ma anche mettere a punto un articolato piano "taglia debito".

L'eredità dell'ex ministro Grilli: una Sgr per le dismissioni

La sensazione è dunque che qualcosa si stia muovendo. Non a caso lo scorso maggio l'ex ministro dell'Economia Vittorio Grilli ha dato il via libera all'istituzione di una Sgr (società di gestione del risparmio) allo scopo di assistere la dismissione di 350 immobili pubblici valutati un miliardo e mezzo di euro. Si tratta chiaramente di un primo piccolo passo verso l'attuazione di un piano di dismissione molto più articolato.

Il PdL ripropone l'operazione "taglia debito" da 400 miliardi

E tra le proposte più gettonate in materia di finanza pubblica vi è quella presentata dal PdL in campagna elettorale e rilanciata in sedi istituzionali lo scorso 4 luglio. L'obiettivo del maxi piano di dismissione è quello di aggredire lo stock di debito riducendolo di almeno 400 miliardi di euro nell'arco di un quinquennio.

Di questi 400 miliardi, 100 arriverebbero dalla cessione di beni pubblici per 15-20 miliardi l'anno, altri 40-50 miliardi dalla costituzione e cessione di una società per le concessioni demaniali, 25-35 miliardi dal concordato fiscale con la Svizzera (5-7 miliardi l'anno) mentre i restanti 215-235 miliardi verrebbero reperiti allestendo un'operazione di dismissione abbinata all'emissione di obbligazioni "cum warrant".

La vera storia della "proposta PdL": dall'intuizione di Guarino al "cum warrant" di Savona-Rinaldi

La proposta del PdL costituisce, in realtà, l'evoluzione di un progetto originariamente presentato negli anni '90 da Giuseppe Guarino, ovvero l'istituzione di un fondo esterno alla Pubblica Amministrazione a cui far affluire i beni dello Stato per poi collocarne le quote sul mercato (proposta "Fondo patrimonio Italia").

Qualche anno più tardi fu, invece, Paolo Savona a trasformare il concetto di "fondo esterno" in "società veicolo" fino ad arrivare al maggio 2012 quando insieme ad Antonio Maria Rinaldi, suo storico allievo della primissima ora (1976), venne avanzata la proposta dei "cum warrant".

Savona: proposta PdL è un buon inizio ma occorre anche consolidare il debito

Secondo l'ex ministro Paolo Savona, il piano "taglia debito" del PdL va nella giusta direzione anche se «*è molto più soft della proposta messa a punto nell'agosto 2012 con i colleghi Michele Fratianni e Antonio Maria Rinaldi*».

L'ex ministro del governo Ciampi pertanto suggerisce di prendere in considerazione la possibilità di consolidare il debito pubblico su base volontaria, rimodulando a sette anni le scadenze di tutti i titoli pubblici attualmente in circolazione, indipendentemente dalla tipologia e dalla vita residua.

Una volta attuato il consolidamento, si potrebbe abbinare alle emissioni lo strumento dei warrant, opzionando così i beni e le attività finanziarie oggetto di dismissione.

Savona: ecco perché il consolidamento del debito è un'operazione "risk free"

Secondo il Professore, i rischi di un'operazione di consolidamento sarebbero molto limitati. «*Durante i 7 anni del consolidamento* – spiega l'ex ministro sulle pagine del Corriere della Sera – *il Tesoro non dovrebbe più finanziarsi emettendo titoli, dovrebbe rispettare il pareggio di bilancio e beneficerebbe del calo degli interessi sul debito di almeno 30 miliardi di euro all'anno, rispetto agli 85 che paghiamo ora, risparmi che per esempio potrebbero essere ben utilizzati per abbattere il cuneo fiscale sui salari».*

PELANDA: UN FONDO SOVRANO MULTI-COMPARTO

La proposta "taglia debito" dell'ex consulente del Ministero dell'Economia Carlo Pelanda: un fondo obbligazionario sovrano al quale conferire le partecipazioni statali e gli immobili pubblici oggetto di dismissione.

Abbattere lo stock di debito pubblico di 500 miliardi di euro attraverso la creazione di un Fondo sovrano multi-comparto nel quale trasferire la parte alienabile del patrimonio pubblico. È la proposta avanzata nell'ottobre 2011 da Carlo Pelanda[9], ex consulente del Ministro Tremonti e professore aggiunto di scienze politiche e relazioni internazionali presso la University of Georgia di Athens (Stati Uniti).

Un fondo sovrano per la valorizzazione degli asset immobiliari e azionari dello stato

Il Professore Pelanda ritiene possibile impiegare una parte degli immobili pubblici alienabili – stimati in 400 miliardi di euro – e le partecipazioni statali – valutate 200 miliardi – in funzione di riduzione del debito. Per valorizzare questi asset e quindi reperire la liquidità necessaria per abbattere lo stock di debito, l'ex consulente all'economia del primo Governo Berlusconi

---

[9] "Pelanda: c'è una formula che può salvare l'Italia", ilsussidiario.net, 3 ottobre 2011.

suggerisce la creazione di un fondo interamente di proprietà statale al quale conferire il patrimonio alienabile. Il Fondo sovrano multi-comparto verrebbe diviso in tre comparti (immobiliare; azionario; licenze, concessioni e brevetti), ciascuno con un proprio regolamento e organizzazione gestionale.

Duplice l'obiettivo dell'operazione: reperire liquidità da trasferire immediatamente al Tesoro in funzione "taglia debito" e valorizzare nell'arco del tempo il patrimonio pubblico, ricavando rendite nell'ordine di 15-25 miliardi annui.

Emissioni obbligazionarie per 300 miliardi interamente garantite dal fondo sovrano

Il piano di dismissione prevede l'emissione di un'obbligazione decennale di 300 miliardi di euro con cedola al 6% annuo più un premio variabile, garantita da tutti i beni immobiliari e azionari pubblici confluiti nel Fondo (stimati in 400 miliardi).

La presenza di garanzie reali, rappresentate dagli asset sottostanti, potrebbe valere al Fondo una Tripla A rendendolo così più appetibile agli occhi degli investitori bancari e andando a incidere indirettamente anche sulla performance dei Titoli di Stato già in circolazione.

Il Professore della University of Georgia è dell'avviso che una più precisa valutazione del patrimonio immobiliare e azionario oggetto di dismissione e la possibilità che questi beni si rivalutino nell'arco del prossimo decennio possano aumentare il valore complessivo del Fondo.

Ogni eventuale surplus verrebbe impiegato per l'acquisto delle emissioni sui mercati secondari e per il pagamento dei titoli giunti a scadenza senza necessità di rinnovarli, abbattendo così una percentuale del debito.

GUARINO: UNA S.P.A. PER COORDINARE DISMISSIONI PER 465 MILIARDI

La proposta dell'ex Ministro delle Finanze Guarino: una maxi operazione di dismissione del patrimonio pubblico coordinata dallo Stato.

La proposta è datata, ma il problema è attuale come non mai. Era il 2006 e l'ex Ministro delle Finanze del Governo Fanfani VI Giuseppe Guarino, intervenendo al Senato a una audizione della Commissione Bilancio[10], diceva del debito pubblico: «*Se riuscissimo a persuaderci che il tema esiste, che è importante, inderogabile, gli schieramenti politici potrebbero esserne indotti ad inserirlo nei loro programmi di governo. Il modo più semplice per affrontare la questione [del debito pubblico] è di considerare come essa sia comune a qualsiasi soggetto, persona fisica, impresa o Stato che sia gravato da un debito che superi un livello normale. Cosa conviene fare?*». Secondo l'ex Senatore, la soluzione consisterebbe nel ridurre lo stock di debito in maniera significativa allestendo un'imponente operazione di dismissione da 450-465 miliardi di euro finalizzata a portare il rapporto debito/PIL al di sotto della soglia psicologica del 100%.

---

[10] Audizione al Senato della Repubblica, giovedì 26 gennaio 2006.

I beni immobiliari e non oggetto di dismissione

L'operazione shock proposta da Guarino prevede la cessione delle residue quote in aziende partecipate dallo Stato – stimate in 100 miliardi di euro – e la dismissione sia degli immobili della Pubblica Amministrazione sia dei crediti fiscali e non fiscali, compresi quelli degli istituti previdenziali.

La valorizzazione del patrimonio immobiliare con operazioni di leasing

Diverse sono le modalità di intervento suggerite dall'ex Ministro. In primo luogo, si potrebbe considerare di far fruttare il patrimonio immobiliare attraverso un sistema di concessioni a lungo termine oppure alienando tali beni con facoltà di riscatto esercitabile in qualsiasi momento. In ogni caso, e in modo particolare per quanto riguarda i beni con valore storico e artistico, lo Stato si riserverebbe il controllo e si accollerebbe i costi di gestione, mantenendo così integre le esigenze dell'uso pubblico e della tutela del bene.

Una S.p.A. pubblica per coordinare le dismissioni

Sul fronte delle dismissioni, due sono alternative inserite nella "proposta Guarino": trasformare i beni più disomogenei in partecipazioni azionarie da collocare sui mercati nazionali e internazionali oppure confluire tutti gli asset oggetto di dismissione in una sorta di fondo di valorizzazione, le cui quote verrebbero poi trasferite a privati e a famiglie, a investitori istituzionali italiani ed esteri.

Secondo l'ex Ministro, l'alienazione di un così ingente volume di beni potrebbe turbare l'andamento dei mercati mobiliari ed immobiliari. Ecco perché si renderebbe necessaria, almeno in un primo momento, la presenza di un soggetto "garante", ossia lo Stato, in grado di coordinare direttamente le operazioni di dismissione. Allo scopo, Guarino propone di costituire una società pubblica per azioni che, dopo aver fatto stimare da società esperte il suo patrimonio, si prenderebbe cura di collocare le quote presso investitori privati e istituzionali.

ABOLIRE LE FONDAZIONI (BANCARIE E NON)

Il "caso Monte dei Paschi" sta riaccendendo il dibattito sul ruolo delle fondazioni bancarie (e non). E c'è chi propone di abolirle per abbattere il debito pubblico di 350 miliardi e versare agli italiani un "dividendo di cittadinanza".

Istituite con la legge n. 218 del 30 luglio 1990 ("legge Amato"), le fondazioni bancarie sono associazioni no profit nate come espediente tecnico per privatizzare le banche pubbliche e le Casse di Risparmio. Il loro obiettivo è quello di investire in una molteplicità di settori, dalle attività benefiche a sostegno delle comunità locali a quelle culturali e ludiche. Ma con l'aggravarsi della crisi iniziata nel 2008 è emersa anche un'altra verità: le fondazioni bancarie non hanno mai cessato di occuparsi delle attività bancarie. Alcune fondazioni, anziché sostenere progetti a favore della cittadinanza e fuoriuscire dal capitale delle banche, hanno preferito impiegare le proprie risorse per ricapitalizzare le controllate, indebitandosi. Esemplari sono i casi della Fondazione Monte Paschi, che ha partecipato all'aumento di capitale di Mps, e della fondazione Banco di Sicilia, che ha perso quasi un terzo del suo valore in seguito alla concentrazione in Unicredit della sua dotazione.

Quei 50 miliardi sui quali lo stato non può esercitare alcun controllo

Secondo un recente dossier di Mediobanca[11], delle 88 fondazioni presenti sul territorio italiano, ben 22 detengono l'80% di un patrimonio stimato in 50 miliardi di euro sul quale lo Stato non può esercitare alcun controllo. Questo perché la legge n. 201 del 22 dicembre 2008 stabilisce che *"non rientrano negli elenchi degli organismi e delle categorie di organismi di diritto pubblico gli enti di cui al decreto legislativo 17 maggio 1999, n. 153, e gli enti trasformati in associazioni o in fondazioni, sotto la condizione di non usufruire di finanziamenti pubblici o altri ausili pubblici di carattere finanziario, di cui all'articolo 1 del decreto legislativo 30 giugno 1994, n. 509, e di cui al decreto legislativo 10 febbraio 1996, n. 103, fatte salve le misure di pubblicità sugli appalti di lavori, servizi e forniture"*.

La proposta Venanzi

Diversi addetti ai lavori, come Riccardo Calimani della Fondazione di Venezia e Francesco Venanzi del Gruppo Eni, e rinomati economisti – tra cui Tito Boeri e Luigi Guiso[12] – ritengono superato il business model delle fondazioni bancarie.

---

[11] "Italian Banking Foundations", Mediobanca Securities – A. Filtri, A. Guglielmi, 28 maggio 2012.

[12] "Lettera aperta a Grilli sulle fondazioni bancarie", T. Boeri, L. Guiso, La Repubblica, 17 luglio 2012.

Questi propongono di trasformarle in S.p.A. e di assegnare i pacchetti azionari al Ministero del Tesoro, che poi gradualmente dismetterebbe le quote, realizzando valori nell'ordine di 50-70 miliardi di euro.

Secondo Francesco Venanzi, questa somma potrebbe essere acquisita al patrimonio dello Stato in funzione "taglia debito" oppure ridistribuita sotto forma di "dividendo di cittadinanza" a tutti gli italiani in regola con il fisco. «*L'assegnazione delle azioni bancarie alle famiglie* – spiega il manager di Eni – *sarebbe un premio a chi le costituisce (le famiglie) e metterebbe in fuori gioco i grandi trust, i fondi pensione e tutti gli speculatori che stanno trasformando questo inizio di secolo in un incubo*».

Samorì: abolire tutte le fondazioni

«*L'Italia è una nazione ricchissima di fondazioni che hanno patrimoni enormi di centinaia e centinaia di miliardi. Si potrebbe attingere a questo importante bacino per ridurre il debito pubblico*». È quanto propone l'avvocato Gianpiero Samorì in materia di fondazioni e risanamento delle finanze pubbliche. Secondo il banchiere modenese, è possibile raccogliere almeno 350 miliardi di euro dalla nazionalizzazione di tutte le fondazioni (bancarie e non). «*In questo momento straordinario* – osserva Samorì – *questi patrimoni devono essere acquisiti al patrimonio dello Stato in funzione di riduzione del debito, perché sono comunque patrimoni della collettività e non di un singolo privato*».

MASERA-BIVONA: I "LEASEHOLD" SUGLI IMMOBILI DI STATO

L'introduzione in Italia dei titoli di proprietà "leasehold" consentirebbe allo Stato di ridurre il debito pubblico pur mantenendo i diritti di proprietà sugli immobili.

È la sfida delle sfide: riportare il debito pubblico al di sotto del 100% del PIL per rilasciare risorse allo sviluppo del Paese. Secondo gli economisti di Deutsche Bank, è possibile conseguire questo ambizioso target agendo sul fronte delle privatizzazioni. Nel rapporto "Guadagni, concorrenza e crescita" redatto nell'ottobre 2011 e diffuso a mezzo stampa lo scorso giugno, l'unità di ricerca della banca tedesca non si limita, tuttavia, a consigliare all'Italia la riduzione del debito pubblico razionalizzando il portafoglio di partecipazioni statali, ma suggerisce anche l'allestimento di un imponente piano di dismissione di beni immobiliari. Riportando alcune recenti stime della Cassa Depositi e Prestiti (Cdp), Deutsche Bank è, infatti, dell'avviso che il 10 per cento del patrimonio immobiliare statale possa essere immediatamente venduto, generando introiti pari ad almeno 50 miliardi di euro.

I principali ostacoli alla dismissione del patrimonio demaniale

I governi che si sono susseguiti alla guida del Paese nel corso dell'ultimo ventennio non hanno, tuttavia, agito in maniera incisiva su quest'ultimo fronte. I motivi sono noti. In primo luogo, la cessione di asset immobiliari non solo ridurrebbe l'attivo dell'azienda-Stato, ma smantellerebbe con esso un sistema di potere legato alla gestione di tale patrimonio. Vi è, inoltre, un problema di natura contabile. Per portare il debito pubblico al di sotto del 100% del PIL, sarebbe necessario allestire nell'arco di pochi mesi un imponente piano di dismissione collocando sul mercato immobili per un controvalore superiore ai 100 miliardi di euro, uno scenario irrealizzabile nel contesto macroeconomico corrente. Se si decidesse, infatti, di vendere alle valutazioni attuali, lo sconto sul prezzo teorico sarebbe troppo penalizzante e si incorrerebbe nel rischio non solo di realizzare minori entrate, ma anche di consegnare in mani straniere una parte rilevante del patrimonio pubblico.

I "leasehold" demaniali per valorizzare i patrimoni immobiliari e artistici italiani

È pertanto imperativo ricercare soluzioni alternative alla dismissione (e alla svendita) degli immobili demaniali. Secondo Rainer Masera, ex ministro del Bilancio e Programmazione Economica del Governo Dini, e Giuseppe Bivona, ex dirigente di Goldman Sachs e

Morgan Stanley, lo scoglio può essere superato introducendo in Italia i titoli di proprietà "freehold" e "leasehold"[13]. La distinzione degli immobili demaniali fra "freehold" – il diritto sulla proprietà immobiliare pieno e assoluto – e "leasehold" – il diritto sulla proprietà immobiliare per un determinato numero di anni (generalmente tra i 50 e i 99 anni) – consentirebbe allo Stato (il "freehold") di realizzare pressoché interamente il valore finanziario corrispondente alla vendita tradizionale pur mantenendo i diritti di proprietà sugli immobili di particolare pregio o valore storico e simbolico.

Considerato l'elevato valore storico di una parte delle proprietà immobiliari demaniali, l'introduzione dello strumento del "leasehold" non solo genererebbe un importante ritorno economico, ma darebbe nuovo impeto al turismo italiano, incoraggiando la preservazione di edifici e opere artistiche attraverso la realizzazione di poli museali privati.

---

[13] "Austerità fiscale e crescita: binomio o antinomia?", R. Masera, G. Bivona, 2012.

TERZA PARTE:

IMPOSTE UNA TANTUM, PRESTITI E INVESTIMENTI VOLONTARI O FORZOSI

MONORCHIO E SALERNO ALETTA: PRESTITI E INVESTIMENTI FORZOSI

La proposta "Tagliadebito" di Andrea Monorchio e Guido Salerno Aletta: utilizzare il risparmio e il patrimonio privato per ridurre lo stock di debito di 900 miliardi in vent'anni.

Per soddisfare i parametri imposti dal Fiscal Compact – che impegnano l'Italia al pareggio di bilancio e al raggiungimento di un rapporto debito/PIL pari al 60% – nel gennaio 2012 l'ex vice-segretario generale di Palazzo Chigi, Guido Salerno Aletta e l'ex Ragioniere generale dello Stato Andrea Monorchio hanno redatto una controversa proposta di riduzione del debito pubblico. Secondo questi, è possibile diminuire l'indebitamento complessivo di oltre 900 miliardi di euro in vent'anni chiedendo agli italiani di mettere al servizio dello Stato i propri risparmi e i patrimoni immobiliari. La proposta, denominata "Tagliadebito" e rilanciata da Milano Finanza[14], si snoda in tre azioni complementari.

Creazione di un "fondo patrimoniale degli italiani"

Il primo aspetto dell'operazione "Tagliadebito" prevede il trasferimento di una parte degli asset pubblici disponibili e non strategici a un "Fondo patrimoniale degli italiani", le cui quote verrebbero successivamente

---

[14] "Proposte per la riduzione del debito", Milano Finanza, 26 gennaio 2012.

acquisite dalle famiglie. Nel Fondo confluirebbero le proprietà immobiliari dello Stato oltre alle azioni di imprese partecipate dal Tesoro. Le famiglie italiane diverrebbero così proprietarie di quote di un fondo comune di investimento che – se ben gestito – si rivaluterebbe nel tempo. Duplice è l'obiettivo dell'operazione: evitare il trasferimento del patrimonio pubblico a soggetti non residenti e ridurre di 200 miliardi di euro lo stock di debito.

Collocamento forzoso di Titoli di Stato

Monorchio e Salerno Aletta propongono, inoltre, l'introduzione di uno strumento chiamato "Cash & Kind". Si tratterebbe di pagare circa il 10-15% dei crediti arretrati della Pubblica Amministrazione in Titoli di Stato. Le obbligazioni – ventennali e con un rendimento pari al tasso di sconto computato sulla somma residua – non sarebbero soggette né a tassazione né a valutazione di rating. L'accesso ai titoli Kind sarebbe esteso ai soli soggetti residenti per il versamento di imposte e contributi previdenziali, ma non per il pagamento di premi assicurativi e mutui bancari.

Secondo i relatori, l'operazione Cash & Kind – che prevede anche il riacquisto di una parte delle obbligazioni emesse a tassi di rendimento elevati – consentirebbe allo Stato di risparmiare quasi 200 miliardi di euro in conto interessi.

Il patrimonio immobiliare privato a garanzia dei Titoli di Stato

L'aspetto sicuramente più controverso della proposta "Tagliadebito" di Monorchio e Salerno Aletta è quello di mettere al servizio del debito pubblico il patrimonio immobiliare privato. Nello specifico, si tratterebbe di indurre i cittadini possessori di immobili a sottoscrivere un mutuo bancario con ipoteca pari al 10 per cento del valore della proprietà.

Lo Stato impiegherebbe queste garanzie reali – stimate in oltre 500 miliardi di euro e calcolate sulle sole proprietà su cui non gravi già un mutuo – per coprire l'emissione di una serie speciale di Titoli di Stato denominata "Kind Real Estate", con un rendimento esente da imposte e corrispondente al tasso di sconto maggiorato dell'1%.

A predisporre il collocamento dei titoli sarebbe un consorzio bancario misto pubblico-privato che girerebbe a un fondo le prese di garanzia sui singoli immobili.

Anche in questo caso, l'operazione avrebbe come obiettivo quello di italianizzare lo stock di debito pubblico, adoperando ogni eventuale surplus di bilancio per il riacquisto dei Titoli di Stato attualmente detenuti da investitori stranieri.

CILLONI: UN INVESTIMENTO FORZOSO IN UN FONDO PATRIMONIALE

La proposta "taglia debito" di Francesco Cilloni: ridurre e italianizzare lo stock privatizzando gli asset pubblici e richiedendo ai contribuenti un prestito forzoso.

Secondo gli economisti americani Carmen Reinhart e M. Belen Sbrancia, autori nel 2011 del saggio "The Liquidation of Government Debt"[15], due sono state le strade seguite dai governi e dalle banche centrali per abbattere il debito pubblico: l'inflazione e i prestiti forzosi.

Questi ultimi, in particolare, non sono una novità per l'Italia. Nel lontano 1848, infatti, il Regno Sabaudo impose alla cittadinanza un prestito forzoso del 5% sul valore delle proprietà immobiliari e fondiarie, sui crediti ipotecari e sul commercio, accompagnando tale operazione all'emissione di titoli del debito pubblico. Quasi un secolo più tardi, nel 1931, fu invece il governo fascista ad attuare il consolidamento delle finanze con la conversione forzosa dei titoli in circolazione con altri irredimibili.

---

[15] Fonte: http://www.imf.org/external/np/seminars/eng/2011/res2/pdf/crbs.pdf

A distanza di anni si ripropone il tema della stabilizzazione del debito pubblico. E c'è chi consiglia di ricorrere nuovamente allo strumento del prestito forzoso. A suggerirlo è l'ex membro del Consiglio degli Esperti del Dipartimento del Tesoro Francesco Cilloni in un breve documento intitolato "Alcune idee sul debito italiano".

La proposta "taglia debito" di Cilloni

Secondo l'ex funzionario del Tesoro, occorre attaccare il debito pubblico agendo su due fronti: privatizzando una parte del patrimonio pubblico e chiedendo ai cittadini un piccolo prestito. La "proposta Cilloni" si prefigge di ridurre lo stock di quasi 100 miliardi di euro valorizzando asset pubblici di diversa natura, dalle partecipazioni azionarie in aziende quotate e non, ai crediti liquidi ed esigibili di pertinenza dello Stato e agli immobili residenziali e commerciali disponibili e non strategici.

L'idea sarebbe quella trasferire a una società esterna alla Pubblica Amministrazione, ossia alla Cassa Depositi e Prestiti (Cdp), questi beni creando un Fondo Patrimoniale. Le quote del fondo avrebbero una durata di almeno pari a 10-15 anni, con un rendimento inferiore a quello dei BTP e con una cedola minima garantita.

Ai cittadini verrebbe richiesto di investire nel fondo come alternativa a una tassa patrimoniale *una tantum*. Una volta trasferite ai privati le quote del fondo, lo Stato userebbe queste dotazioni per riacquistare sul mercato secondario i titoli del debito pubblico emessi a tassi di rendimento elevati, un'operazione che ridurrebbe marginalmente i costi di rifinanziamento e, fatto non trascurabile, contribuirebbe a italianizzare i nostri Titoli sottraendoli alle pressioni della finanza internazionale.

FITOUSSI E GALATERI DI GENOLA: UN PRESTITO FORZOSO

La cura anti-crisi dell'economista francese che piace a Beppe Grillo e del presidente di Assicurazioni Generali: un prestito forzoso per italianizzare il debito e ridurre il rischio di default.

«*L'Italia è un caso esemplare: fondamentalmente solvibile, dotata di un patrimonio netto privato e pubblico (pro capite) tra i più alti al mondo, i mercati la trattano come se fosse divenuta insolvente, nonostante l'alto tasso di risparmio e un deficit contenuto.*

Occorre alleggerire la pressione sui Titoli di Stato per dare sufficiente spazio e tempo al programma di riforme per la crescita. Come? Chiedendo agli italiani più abbienti un prestito forzoso decennale».

È questo il percorso anti-crisi tracciato da Jean-Paul Fitoussi, professore di economia presso l'Institut des Études Politique di Parigi, e Gabriele Galateri di Genola, presidente di Assicurazioni Generali e Telecom Italia, in un articolo pubblicato su *Il Corriere della Sera* nel settembre 2011[16].

---

[16] "Un prestito forzoso decennale è migliore della tassa sui patrimoni", J.P. Fitoussi, G. Galateri di Genola, Il Corriere della Sera, 7 settembre 2011.

La proposta Fitoussi-Galateri di Genola

Secondo gli autori, si tratterebbe di introdurre una misura già utilizzata con successo in Francia dal governo Mauroy nei primi anni Ottanta, in Gran Bretagna e negli Stati Uniti durante la seconda guerra mondiale e in Italia, nel 1926, quando l'allora governo fascista convertì 15 miliardi di debito pubblico in titoli trentennali.

La proposta prevede l'obbligo per i contribuenti di investire l'8% del proprio patrimonio in una serie speciale di Titoli di Stato a basso tasso d'interesse e con scadenza decennale.

A sottoscrivere le emissioni – stimate in 30 miliardi all'anno – sarebbero i cittadini più abbienti, ossia quel 10% della popolazione che, secondo il Credit Suisse Global Wealth Databook 2011, detiene il 40% della ricchezza finanziaria del Paese.

Una tale misura avrebbe il vantaggio di consentire un parziale ribilanciamento del possesso del nostro debito pubblico a favore degli investitori nazionali, contribuendo anche a ridurre significativamente il rischio di default sul debito pubblico.

Se ben calibrato verso i contribuenti più abbienti, il prestito forzoso potrebbe non avere un effetto restrittivo sulla domanda, né incidere negativamente sulla crescita.

La proposta Damiani

Per rendere la proposta Fitoussi-Galateri di Genola più equa, Mario Damiani – docente di diritto tributario presso l'Università LUM J. Monnet di Bari – suggerisce di abbinare al prestito forzoso uno swap debito-patrimonio alla scadenza dei titoli, convertendo i bond decennali in quote di un fondo di investimento costituito da beni azionari e immobiliari pubblici[17].

---

[17] "Imposta patrimoniale o prestito forzoso?" M. Damiani, Dialoghi Tributari, 4/2012.

CAPALDO: PRIVATIZZARE IL DEBITO PUBBLICO TASSANDO GLI IMMOBILI PRIVATI

L'ex presidente della Banca di Roma propone l'introduzione di una tassa *una tantum* sulla rendita fondiaria per dimezzare il debito pubblico.

«*Dobbiamo aggredire con determinazione il debito pubblico privatizzandolo. Se è vero che il debito pubblico è in ultima istanza, un debito di noi cittadini, tanto vale accollarcelo, almeno in parte direttamente, alleggerendo in corrispondenza lo Stato*». È la proposta choc avanzata dall'ex presidente della Banca di Roma, ora docente universitario presso La Sapienza, Pellegrino Capaldo[18]. Nello specifico, si tratterebbe di introdurre un'imposta *una tantum* sull'incremento del valore degli immobili dal momento del loro acquisto per eredità o compravendita.

«*Negli ultimi decenni – spiega l'ex banchiere – i valori immobiliari sono cresciuti a dismisura per effetto della cosiddetta rendita urbana. Non è difficile intuire che se lo Stato avesse adottato una diversa disciplina delle aree, quella rendita avrebbe potuto essere acquisita dall'Erario e, in tal caso, non avremmo il debito pubblico che abbiamo oggi. Rispetto a 40-50*

---

[18] "Rebus debito pubblico. Ricetta possibile la privatizzazione", Il Corriere della Sera, 26 gennaio 2011, e "Ripartire dagli investimenti pubblici per avviare il circolo virtuoso della crescita", Il Corriere della Sera, 3 febbraio 2011.

anni fa il valore degli immobili è cresciuto, in alcuni casi, anche di 100 volte».

La Capaldo tax: aliquota progressiva e modalità di pagamento

Secondo alcune recenti stime, il nostro debito pubblico corrisponde al 25% del patrimonio immobiliare privato. Per dimezzare lo stock di debito, Capaldo ipotizza di trasferire su ciascun immobile un debito pari al 12,5% del valore corrente della proprietà, una percentuale che potrebbe oscillare tra il 5 e il 20% in base all'anno di acquisto e alla posizione soggettiva del titolare.

La proposta prevede che sia lo stesso contribuente a scegliere le modalità di pagamento: immediato con un congruo sconto, nell'arco di 3-4 anni senza sconto e senza interessi, oppure a scadenza indeterminata (o alla vendita dell'immobile) ipotecando l'immobile a favore del fisco e a fronte di un tasso di interesse pari a quello sui mutui fondiari.

I benefici della «proposta Capaldo»

Secondo l'ex presidente della Banca di Roma, la misura non solo dimezzerebbe lo stock di debito e i costi di rifinanziamento sullo stesso, ma contribuirebbe anche a rilanciare la crescita economica e occupazionale del Paese, liberando risorse da destinare agli investimenti pubblici materiali e immateriali.

CUTRUFO: UNA PATRIMONIALE RIMBORSABILE PER FINANZIARE LE DISMISSIONI

L'ex Senatore del PdL Cutrufo propone un'imposta *una tantum* rimborsabile per agevolare il risanamento delle finanze pubbliche e da affiancare a un piano di dismissione di asset disponibili e non strategici.

«*Finora, le imposte italiane sul reddito sono sempre salite, su su, sino alla intollerabilità. La molteplicità, l'intrico, le sovrapposizioni sono oramai giunte a tale stremo, che nessuno ci si raccapezza più. La gente tira a non pagare. Il rimedio antico ed accettato al malanno è noto: poiché le vecchie imposte non rendono quanto debbono, se ne creano delle nuove. Il gettito attuale non basta e bisogna crescerlo. Con le male maniere non ci si riesce; con le buone, sì; ma alla lunga. All'intervallo pericoloso provvede la straordinaria patrimoniale. Una tassa patrimoniale può essere sul serio un efficace strumento della ricostruzione economica del Paese*». Sono le parole usate da Luigi Einaudi nell'incipit del saggio L'Imposta Patrimoniale. Era il 1946, l'Italia iniziava il percorso di ricostruzione post bellica e lo Statista, allora Governatore della Banca d'Italia, interveniva sul tema dell'imposizione patrimoniale come strumento necessario per traghettare il Paese fuori dalla crisi.

Il revival della patrimoniale: Abete, Amato e Capaldo

Sebbene il contesto economico attuale non sia paragonabile a quello del 1946, nel corso dell'ultimo biennio è riaffiorata l'ipotesi della reintroduzione di una imposta *una tantum* sui redditi e sui patrimoni. Tra le ipotesi circolate figurano quelle del presidente di Assonime, Luigi Abete (una tassa dello 0,1% su tutti i patrimoni), dell'ex Primo Ministro Giuliano Amato (un prelievo di 30 mila euro sui conti correnti di un italiano su tre) e dell'ex presidente della Banca di Roma Pellegrino Capaldo (un'imposta sulle plusvalenze immobiliari compresa fra il 5 e il 20%).

La proposta Cutrufo: una patrimoniale rimborsabile

Nel dibattito a favore della "meno popolare delle imposte" si inserisce anche la proposta avanzata nel 2011 dall'ex Senatore del PdL Mauro Cutrufo[19]. Si tratterebbe di introdurre un "contributo per il riequilibrio", ossia un'imposta *una tantum* rimborsabile, che peserebbe per 37 miliardi sulle persone fisiche, 13 miliardi sui pensionati, 130 miliardi sulle imprese finanziarie e non finanziarie, 220 miliardi sulle attività finanziarie.

L'imposta – rateizzabile su un periodo trentennale – escluderebbe le persone fisiche con un reddito inferiore a

---

[19] "Istituzione di un contributo straordinario per il riequilibrio del debito pubblico", Disegno di Legge N. 3030 presentato in data 29 novembre 2011 dal Senatore Cutrufo. Fonte: http://www.senato.it/service/PDF/PDFServer/BGT/00620421.pdf

20 mila euro e le società con un giro d'affari non superiore ai 30 mila euro. L'importo da corrispondere allo Stato verrebbe calcolato applicando aliquote progressive comprese tra il 6% e il 22,5%.

L'obiettivo della proposta è quello di "privatizzare" una parte del debito pubblico (400 miliardi) liberando così risorse da destinare alla crescita. Per finanziare l'operazione e quindi ottenere liquidità da impiegare in funzione di riduzione del debito, Cutrufo suggerisce l'istituzione di una società veicolo, la Riequilibrio S.p.A., in grado di emettere obbligazioni per un valore pari al valore dei contributi per i quali è stata richiesta la dilazione.

Contemporaneamente all'emissione di bond, verrebbe anche istituito un fondo ("Fondo per il rimborso del contributo straordinario di riequilibrio") alimentato dai proventi derivanti dalla dismissione delle proprietà immobiliari e delle partecipazioni azionarie non strategiche dello Stato e degli Enti Territoriali. I proventi di questa operazione, da realizzare nell'arco di 15-20 anni, verrebbero successivamente impiegati per la graduale restituzione agli italiani del "contributo di riequilibrio".

QUARTA PARTE:
MISURE ANTI-SPREAD

VEGAS: UNO SCUDO ANTI-SPREAD ITALIANO

La proposta del presidente di Consob Giuseppe Vegas per calmierare i rendimenti dei buoni del tesoro e innalzare il rating italiano: creare un Financial Stability Fund (Fsf), una sorta di scudo anti-spread nazionale, dotato di garanzie reali quali le riserve auree e i migliori beni dello Stato.

Nel corso degli ultimi mesi il cosiddetto "mal di spread" sembra essersi attenuato, ma le incertezze politico-economiche e l'inarrestabile crescita dello stock di debito pubblico potrebbero presto portare i nostri BTP nuovamente sotto i riflettori dei mercati finanziari. Dovesse ciò accadere, l'Italia sarebbe costretta a cedere alle lusinghe di Bruxelles e Francoforte e quindi richiedere l'accesso all'Outright Monetary Transactions (Omt), la nuova iterazione del Securities Market Programme, altresì noto come "scudo anti-spread".

L'attivazione del meccanismo "salva-vita" della Bce porterebbe con sé in dote la necessità di operare un nuovo aggiustamento fiscale, in altre parole più tasse e più tagli alla spesa pubblica, con il rischio, se non la certezza, di aggravare ulteriormente il quadro macroeconomico italiano spegnendo ogni residua speranza di ripresa.

Il "Financial Stability Fund" di Giuseppe Vegas: uno scudo anti-spread "made in Italy" e "low cost"

E se, invece di fare affidamento agli onerosi meccanismi "salva-vita" di Bruxelles e Francoforte, l'Italia decidesse di giocare d'anticipo costruendosi un proprio Financial Stability Fund (Fsf), una sorta di scudo anti-spread nazionale, puntellandolo con garanzie reali quali le riserve auree? È quanto propone il presidente di Consob Giuseppe Vegas per calmierare i rendimenti dei buoni del tesoro e innalzare il rating delle nostre obbligazioni sovrane[20].

Il presidente di Consob ritiene opportuno l'allestimento di un fondo pubblico, gestito direttamente dal Ministero dell'Economia, capace di emettere obbligazioni garantite dai migliori asset dello Stato, dagli immobili demaniali, alle partecipazioni in società quotate, alle riserve auree e valutarie di Banca d'Italia.

Questo fondo avrebbe il compito di collocare sul mercato bond contraddistinti da un rating di prim'ordine (la presenza di garanzie auree potrebbe valergli la tripla A) riservandosi, inoltre, la facoltà di intervenire sia sul mercato secondario, riacquistando i titoli del debito pubblico emessi a tassi di rendimento elevati, sia direttamente in fase d'asta.

---

[20] Audizione presso il Senato della Repubblica, 26 giugno 2012.

Un simile intervento consentirebbe al Tesoro di sostenere la domanda in circostanze di particolare turbolenza sui mercati sottoscrivendo la parte non collocata delle emissioni e orientando i tassi di riferimento al ribasso.

Tra i beneficiari del Financial Stability Fund figurerebbero anche gli istituti di credito italiani. Secondo Giuseppe Vegas, infatti, le banche, una volta ceduta all'Fsf una parte consistente dei Titoli di Stato in loro possesso, potrebbero allentare la stretta sul credito e quindi immettere liquidità fresca in circolo all'economia reale sotto forma di prestiti a favore dei privati e delle piccole e medie imprese.

I "Vegas bond" in numeri

Si stima che il Financial Stability Fund possa emettere obbligazioni per 120 miliardi di euro a fronte di garanzie attivabili pari a circa 140 miliardi di cui 100 miliardi in riserve auree e valutarie e 40 miliardi in beni mobiliari e immobiliari.

Sempre secondo Vegas, il varo di uno scudo anti-spread italiano consentirebbe allo Stato di risparmiare 8,7 miliardi annui sui costi di finanziamento (corrispondente a circa un decimo degli interessi pagati nel 2012) più altri 2,5 miliardi all'anno tra spese dirette e costi di emissione.

MEDIOBANCA: L'ORO DI BANKITALIA E LA CDP

Per Mediobanca è possibile impiegare le risorse della Cassa Depositi e Prestiti non solo per ridurre di 200 miliardi lo stock di debito, ma anche a livello europeo in ottica Eurobond.

Seguire l'esempio delle casse depositi e prestiti francesi e tedesche «*per ridurre il debito e aiutare l'Italia a monetizzare i suoi attivi*». È questa la cura "taglia debito" che il manager di Mediobanca Securities Antonio Guglielmi ha illustrato al Cnel lo scorso giugno. Il manager della banca italiana è dell'avviso che si possa porre rimedio alla questione del debito pubblico impiegando le risorse finanziarie e la posizione "privilegiata" della Cassa Depositi e Prestiti (Cdp) all'interno dell'assetto istituzionale italiano. La Cdp è assieme alla collega francese Caisse des Dépots et Consignations (Cdc) e alla tedesca Kreditanstalt für Wiederaufbau (Kfw) un'entità creditizia «quasi bancaria» che, seppur interamente garantita dallo Stato, non rientra nella definizione di debito pubblico. E proprio grazie a questa sua peculiarità in Germania è stato possibile immettere 400 miliardi di euro di liquidità nella disastrata rete delle Landesbanken, senza aggravare le finanze federali. «*Ma se questi 400 miliardi fossero chiamati con il loro vero nome, ossia debito pubblico* – annota Guglielmi – *lo "spread" reale tra il nostro rapporto debito/PIL e quello tedesco sarebbe almeno il 50% inferiore rispetto a quello attuale».*

Cdp e oro di Banca d'Italia per ridurre il debito pubblico

Perché allora non ricorrere anche in Italia all'escamotage contabile tanto caro alle controparti francesi e tedesche? Secondo Guglielmi si tratta di un'idea percorribile, ma per farlo sarebbe necessario allestire un'operazione di dismissione atipica, conferendo alla Cdp asset pubblici per un controvalore prossimo ai 200 miliardi di euro, di cui 90 miliardi composti da immobili disponibili e non strategici, quasi 50 miliardi da partecipazioni in grandi aziende (quotate e non) e 50 miliardi dalle riserve auree di Banca d'Italia.

Per finanziare l'operazione e garantirne il buon esito, Mediobanca suggerisce l'emissione – da parte della Cdp – di obbligazioni destinate agli investitori domestici e garantite dai valori borsistici delle partecipazioni statali e dalle riserve auree di Banca d'Italia. Una volta onorati i pagamenti verso la Pubblica Amministrazione e Palazzo Koch, la Cdp provvederebbe a coordinare la graduale dismissione dei beni mobiliari e immobiliari ceduti dallo Stato.

Eurobond e una Cdp europea

Il manager di Mediobanca ritiene che lo stesso meccanismo possa essere introdotto a livello europeo, magari mettendo le dotazioni di Cdc, Cdp e Kfw a garanzia delle emissioni debitorie comunitarie (gli Eurobond). Secondo Guglielmi, infatti, l'istituzione di una Cdp europea «*permetterebbe di superare la riluttanza tedesca verso passivi comuni e segmentati garantendo, invece, degli "euro covered bond" con attivi diversificati e comuni*».

Lo Stato italiano potrebbe pertanto utilizzare i suoi attivi per ridurre il debito o metterli a copertura delle emissioni della Cdp europea. Nel caso, invece, nessuna delle due opzioni ricevesse il nulla osta dalla parte della Germania, il manager di Mediobanca ritiene inevitabile «*l'inclusione della Cdc, della Cdp e della Kfw nella definizione di debito pubblico: sarebbe un modo più corretto di valutare i divari tra l'indebitamento dei singoli paesi della Ue*».

VENA E CATTANEO: DUE IDEE PER AZZERARE LO SPREAD

Difendersi dalla speculazione e immettere liquidità fresca in circolo all'economia con dei Mini Titoli di Stato e un abbuono fiscale. È quanto propongono Donato Vena e Marco Cattaneo per uscire dalla crisi.

E se per azzerare il differenziale BTP-Bund e riavviare la crescita economica non fosse affatto necessario mettere mano alle riserve auree di Banca d'Italia o al patrimonio immobiliare e azionario dello Stato? Secondo Donato Vena – autore nel 2012 del saggio "La Ricetta: come portare a zero lo spread" – e Marco Cattaneo – un gestore di fondi private equity – la soluzione "low cost" alla crisi consisterebbe nell'introdurre nel nostro sistema economico due strumenti equiparabili a moneta complementare, ossia i Mini Titoli di Stato al portatore e i Certificati di Credito Fiscale.

Introdurre i mini Titoli di Stato al portatore per italianizzare il debito e sottrarlo alla speculazione

Donato Vena è dell'avviso che l'Italia possa difendersi dalle turbolenze dei mercati finanziari senza dover mettere i propri migliori asset a garanzia delle emissioni debitorie. Come? Collocando 500 miliardi di Mini Titoli di Stato al portatore a un tasso fisso dell'1% annuo con scadenza quinquennale. Questi titoli, parificati a moneta corrente con apposito decreto legge e destinati ai soli residenti, sarebbero utilizzabili non solo per l'acquisto di beni e servizi, ma anche per il pagamento di stipendi e pensioni.

Il vantaggio della proposta consiste nello stabilire e pagare un tasso d'interesse predefinito, pari all'1% annuale da corrispondere alla scadenza, molto più basso di quello attualmente richiesto dai mercati. Una grande boccata d'ossigeno per il Paese che, convertendo parte del proprio debito pubblico in Mini Titoli di Stato al portatore, reperirebbe importanti risorse – quantificabili in decine di miliardi all'anno – da destinare a progetti di sviluppo economico e alla riduzione del cuneo fiscale.

Accorciare lo "spread competitivo" tra Italia e Germania con i Certificati di Credito Fiscale

Nel corso dell'ultimo decennio il costo del lavoro in Italia è aumentato del 20%, contro l'8% tedesco. Questa dinamica ha portato a un progressivo deterioramento della competitività del nostro sistema economico. Non potendo l'Italia né svalutare la propria valuta né ridurre in maniera significativa i salari, si potrebbe ricuperare competitività tagliando all'incirca di 150 miliardi di euro il costo del lavoro. Allo scopo, Marco Cattaneo di CPI Private Equity suggerisce l'emissione di Certificati di Credito Fiscale (CCF). I CCF fungerebbero da abbuono fiscale, riducendo di 100 miliardi il costo lordo per i datori di lavoro e aumentando di 50 miliardi la remunerazione netta dei dipendenti.

Il progetto prevede sia di poter impiegare i Certificati per i pagamenti alla Pubblica Amministrazione – a distanza di due anni dall'emissione – sia di monetizzarli in anticipo applicando un piccolo sconto calcolato con tassi analoghi a quelli di un'obbligazione sovrana a 24 mesi.

Secondo il presidente di CPI Private Equity, i CCF avrebbero un impatto positivo sul sistema economico italiano. La riduzione del costo del lavoro contribuirebbe, infatti, ad abbattere lo "spread competitivo" tra Italia e Germania, riducendo i costi aziendali e aumentando il potere d'acquisto, con benefici sull'economia di consumo e sul Prodotto Interno Lordo.

QUINTA PARTE:
PROPOSTE ARTICOLATE SU DUE O PIÙ INTERVENTI

ASTRID: SEI MOSSE PER ABBATTERE IL DEBITO PUBBLICO

La proposta della Fondazione Astrid per ridurre di 170 miliardi lo stock di debito pubblico: operazioni di valorizzazione e dismissione del Patrimonio pubblico, un accordo fiscale con la Svizzera e l'italianizzazione del debito.

Ridurre lo stock di debito di 170 miliardi di euro per portare il rapporto debito pubblico/PIL sotto il 110 per cento entro il 2017. È questo l'ambizioso obiettivo della proposta "taglia debito" presentata lo scorso agosto dagli economisti della fondazione Astrid[21]. Secondo questi, è necessario porre in campo un insieme coordinato e graduale di interventi che prevedano la simultanea valorizzazione e la privatizzazione di asset immobiliari ed azionari, l'introduzione di un vincolo che obblighi le Casse di previdenza ad acquistare e detenere in portafoglio Titoli di Stato a lunga scadenza, il raggiungimento di un accordo fiscale con la Svizzera e – infine – un programma di incentivi e disincentivi fiscali con il duplice effetto di allungare la vita media delle emissioni e ridurre i costi di rifinanziamento sul debito.

---

[21] "Le proposte per la riduzione dello stock del debito pubblico: pregi e difetti", 1 agosto 2012. Alla stesura del documento hanno contribuito: Giuliano Amato, Franco Bassanini, Giuseppe Bivona, Davide Ciferri, Paolo Guerrieri, Giorgio Macciotta, Rainer Masera, Marcello Messori, Stefano Micossi, Edoardo Reviglio, Maria Teresa Salvemini.

Dismissioni patrimoniali: 72 miliardi dagli immobili e 40 dalle partecipazioni

Escludendo i beni demaniali, il valore stimato del patrimonio immobiliare della Pubblica Amministrazione è di circa 500-600 miliardi di euro, di cui il 53% è utilizzato direttamente dalle amministrazioni proprietarie, il 27% è dato in uso ad altre amministrazioni pubbliche e a enti no profit mentre circa il 10% può considerarsi libero. Gli economisti della fondazione Astrid ritengono realistico monetizzare 72 miliardi dalla parziale vendita di questi asset, di cui 30 dalla cessione agli inquilini dell'edilizia residenziale pubblica, 16 dalla dismissione di immobili di enti previdenziali, 15 da immobili di Regioni ed enti locali, 6 da caserme e sedi delle Province, e altri 5 dal cosiddetto federalismo demaniale.

Vi sono poi le partecipazioni statali in grandi aziende. Astrid stima di poter incassare 30 miliardi dalla privatizzazione delle società quotate (ENI, ENEL, Finmeccanica, StMicroelectronics), non quotate (Poste e FS) e partecipate da enti locali.

La doppia operazione sarebbe allestita e gestita dalla Cassa Depositi e Prestiti, la quale si accollerebbe l'onere di definire tempi, modalità e logiche per la valorizzazione dei beni oggetto di dismissione.

30 miliardi dalla valorizzazione delle concessioni

Secondo gli economisti della fondazione Astrid, è inoltre possibile recuperare 30 miliardi di euro ridisegnando e ottimizzando il regime delle concessioni. Il piano prevede la creazione di una società appositamente costituita in grado di emettere titoli sul mercato e di retrocedere ogni surplus allo Stato in funzione di riduzione del debito pubblico.

Imporre agli enti previdenziali privati un investimento forzoso nel debito pubblico

15 miliardi potrebbero poi essere ottenuti imponendo agli enti previdenziali degli ordini professionali l'obbligo di portare dal 10 al 25% la quota dei loro investimenti in Titoli di Stato. Secondo Astrid, l'introduzione di un vincolo d'acquisto di bond a lunga scadenza migliorerebbe la performance dei fondi, offrirebbe maggiori garanzie sugli impegni previdenziali a lungo termine e contribuirebbe a italianizzare il nostro debito sottraendolo alle pressioni della finanza internazionale.

13,5 miliardi dall'accordo fiscale con la Svizzera

Lo studio Astrid stima in 13,5 miliardi la somma che può essere ottenuta attraverso un accordo con le autorità svizzere per la tassazione dei capitali esportati illegalmente nel Paese elvetico. La cifra è ottenuta valutando in 150 miliardi di euro i capitali italiani non scudati in Svizzera e ipotizzando che i due terzi di questa somma si trasferisca in altri paradisi fiscali in seguito all'accordo. Resterebbero 50 miliardi soggetti a una patrimoniale *una tantum* del 25% e in grado di generare un gettito fiscale pari a 12,5-13,5 miliardi più l'imposta annua sui proventi a regime da 0,8 miliardi.

Allungare le scadenze e disincentivare la speculazione sui Titoli di Stato

La proposta Astrid prevede, infine, la riduzione di un miliardo all'anno dei costi di rifinanziamento sul debito pubblico attraverso una politica di incentivi (lo slittamento della tassazione degli interessi del 12,50% per titoli pubblici al momento del rimborso del capitale) e disincentivi (la tassazione al 20% in caso di cessione dei titoli prima della loro naturale scadenza) fiscali volti all'allungamento delle scadenze e alla riduzione del costo medio del debito pubblico.

AMBROSETTI CLUB: 11 PROPOSTE PER USCIRE DALLA CRISI

Dismissione di asset pubblici, italianizzazione del debito, affitto del patrimonio artistico, e revisione della spesa pubblica. Ecco la ricetta anti-crisi dell'Ambrosetti Club.

Un mix di azioni *una tantum* e interventi strutturali per ridurre il nostro debito e rilanciare l'economia italiana, valorizzando i nostri asset più pregiati ed eliminando gli sprechi. È quanto ha proposto lo scorso giugno il Club dell'European House-Ambrosetti ("Ambrosetti Club"), il curatore del forum di Cernobbio, in un rapporto intitolato "Come ridurre il debito pubblico: il piano di azione". Il gruppo di lavoro, al quale hanno contribuito economisti e dirigenti provenienti dal mondo della finanza e dell'industria, ha elaborato undici proposte per aiutare il Paese a uscire dalla crisi, suggerendo l'allestimento di piano di dismissione di asset pubblici e l'italianizzazione del debito, ma anche la valorizzazione del nostro patrimonio artistico, la revisione dei centri di costo e un pacchetto di provvedimenti a favore dell'occupazione giovanile e femminile. Di seguito riportiamo i punti salienti della proposta.

Un piano di dismissioni e un prestito forzoso

Stimando il tasso di crescita "potenziale" del PIL italiano tra l'1,5 e il 2,5% l'anno, è illusorio sperare di abbattere il rapporto debito pubblico/PIL confidando nella crescita reale del prodotto interno lordo e nel conseguimento di avanzi primari. Ecco perché l'Ambrosetti Club ritiene opportuno dismettere una parte del patrimonio pubblico e introdurre un meccanismo di collocamento forzoso di Titoli di Stato che obblighi i cittadini a sottoscrivere bond trentennali a un valore maggiore rispetto al prezzo di mercato.

Aumentare la duration del debito e pagare parte delle spese correnti con Titoli di Stato

Tra il 2005 ed il 2010 la durata media del debito è passata da 7 a 7,8 anni. Secondo l'Ambrosetti Club, si potrebbe prendere in considerazione di allungare ulteriormente il periodo di scadenza per consentire ai futuri governi di portare a termine le politiche di risanamento intraprese nel corso dell'ultimo biennio senza l'assillo dei rinnovi e dei costi di rifinanziamento sul debito.

Il Club suggerisce, inoltre, di usare i Titoli di Stato a media scadenza (3-5 anni) per pagare una parte delle spese pubbliche, una misura che avrebbe come obiettivo quello di ridurre il quantitativo di bond da trattare in fase d'asta e quindi alleviare la pressione sui tassi d'interesse.

Bond comunitari con scadenze a breve-medio termine

Da tempo si dibatte sulla necessità di introdurre un meccanismo in grado di accomunare le emissioni obbligazionarie a lungo termine degli Stati membri dell'UE. Uno dei principali problemi dell'introduzione degli Eurobond è che, data la lunga scadenza, il premio per il rischio è altamente differenziato per Paese e alcune Nazioni si troverebbero a sostenere oneri di finanziamento più alti. Per questo motivo, il Club Ambrosetti consiglia l'introduzione di titoli caratterizzati da scadenze più basse che presenterebbero situazioni più omogenee tra Paesi.

Patrimonio artistico

L'Italia possiede il più grande patrimonio artistico e culturale al mondo con oltre 9 mila tra monumenti, aree archeologiche, musei e siti UNESCO. Nonostante questa enorme ricchezza, il ritorno economico dei nostri beni culturali è significativamente inferiore a quello di Francia, Regno Unito e Stati Uniti. La società di consulenza PwC ha stimato che i siti UNESCO di questi Paesi generino un ritorno commerciale pari a 4, 7 e 16 volte quello italiano.

Per valorizzare e tutelare questo enorme tesoro, l'Ambrosetti Club propone di creare un sistema di concessioni a privati in cambio di un canone di locazione annuo e di conferire parte di questi asset a un fondo di investimento a larga partecipazione statale.

Manutenzione e adeguamento normativo degli immobili

La crisi e il regime fiscale italiano stanno riportando il settore dell'edilizia ai livelli della prima metà degli anni '80. Per rilanciare il settore, l'Ambrosetti Club suggerisce di introdurre l'obbligo per i proprietari di casa di ristrutturare le facciate dei condomini con la possibilità, in un secondo momento, di estendere tale vincolo anche ad altre aree tra cui la messa a norma di impianti, i lavori di isolamento termico e l'installazione di pannelli solari.

Spending review alla giapponese e fiscal council

In molte economie avanzate, i processi di Spending Review hanno portato a una forte riduzione della spesa pubblica. Secondo l'Ambrosetti Club, è necessario rivedere il processo di Spending Review prendendo a modello l'esempio giapponese, ossia affidando a un'unità governativa il compito di rianalizzare i singoli centri di costo e dando ai cittadini la possibilità di contribuire in prima persona alla revisione segnalando sprechi e inefficienze. Il Club propone, inoltre, di affiancare alla Spending Review anche i cosiddetti "Fiscal Council", ossia istituzioni indipendenti preposte alla gestione e alla supervisione della politica fiscale.

Ridurre il costo del lavoro e rilanciare l'occupazione giovanile

Nel corso dell'ultimo decennio il costo del lavoro in Italia è aumentato del 20%, contro l'8% tedesco. Questa dinamica ha portato a un progressivo deterioramento della competitività del nostro sistema economico. Per invertire il trend, l'Ambrosetti Club suggerisce una "Fiscal Devaluation" che produca gli stessi effetti di una svalutazione competitiva, trasferendo il carico fiscale dal lavoro alla tassazione indiretta. Tra le altre misure proposte dal Club figurano anche una gamma di incentivi di carattere fiscale volti a rilanciare l'occupazione giovanile e quella femminile e, al tempo stesso, a far emergere parte del lavoro nero.

FORTE: UN FONDO PER LA GARANZIA E IL RISCATTO DEL DEBITO PUBBLICO

L'ex ministro delle finanze del Governo Fanfani V propone un Fondo da 200 miliardi di euro per "finanziare" la riduzione dello stock di debito di almeno 400 miliardi.

Il problema del debito pubblico italiano può essere superato istituendo un "Fondo per la garanzia e il riscatto del debito pubblico" gestito direttamente dalla Presidenza del Consiglio. È la proposta "taglia debito" avanzata da Francesco Forte[22], professore emerito dell'Università La Sapienza di Roma ed ex Ministro delle finanze del Governo Fanfani V (1982-83). La proposta prevede che il Fondo operi congiuntamente al Fondo Salva Stati con l'obiettivo di migliorare la credibilità dell'Italia sui mercati e liberare risorse da destinare allo sviluppo e alla riduzione della pressione fiscale.

Un fondo straordinario per finanziare la riduzione dello stock di debito di 400-500 miliardi

Secondo il Professor Forte, la situazione economica attuale e gli accordi siglati con l'Europa suggeriscono interventi drastici per ridurre lo stock di debito pubblico

---

[22] "Le politiche per la riduzione del debito pubblico e la logica della concorrenza", F. Forte, l'ircocervo – rivista della libertà, settembre 2012.

di almeno 400 miliardi di euro nell'arco di un biennio. Il piano prevede la creazione di un fondo – il "Fondo per la garanzia e il riscatto del debito pubblico" – con una dotazione complessiva di 200 miliardi e in grado di riacquistare i nostri Titoli di Stato sul mercato secondario e di "collateralizzare" le emissioni a medio e lungo termine (affiancando ad esse una garanzia reale) per il 20% del loro valore facciale.

L'ex Ministro, oggi in orbita PdL, propone di alimentare il Fondo agendo contemporaneamente su più fronti, valorizzando una parte del patrimonio immobiliare e mobiliare pubblico, cedendo i crediti di Stato e siglando un accordo fiscale con la Svizzera.

46 miliardi dalle privatizzazioni di aziende a partecipazione pubblica

Il Professore Forte ritiene possibile monetizzare 46 miliardi dalla parziale o totale cessione delle partecipazioni statali in grandi aziende. L'operazione verrebbe divisa in due tranche, una coordinata direttamente dal Ministero, l'altra attraverso una società veicolo.

La prima fase dovrebbe generare un gettito da 21 miliardi grazie alla cessione delle partecipazioni in Eni (8,2 miliardi) e alla parziale privatizzazione di SACE (3,1 miliardi), Poste Italiane (2,2 miliardi), Cassa Depositi e Prestiti (1,8 miliardi), Fintecna (1,2 miliardi), Anas (1,2 miliardi), Ferrovie dello Stato (1 miliardo), Finmeccanica

(800 milioni), Invitalia (700 milioni), Enav (500 milioni) e Istituto Poligrafico (300 milioni).

Altri 25 miliardi potrebbero essere, invece, ottenuti costituendo una società per le Concessioni demaniali e cedendone una quota attorno al 55% alla Cassa Depositi e Prestiti, all'Anas e ad altri operatori istituzionali non rientranti nel perimetro del settore pubblico.

Gli immobili della pubblica amministrazione

Vi sono poi i beni immobiliari strumentali e non strategici Pubblica Amministrazione. La proposta prevede la raccolta di 45 miliardi di euro attraverso l'articolazione di un piano di concessioni e di dismissione di immobili strumentali e non di proprietà dello Stato.

25 miliardi dal concordato di massa amministrativo

Altri 25 miliardi potrebbero essere reperiti siglando un «concordato fiscale di massa» che preveda la possibilità da parte dei contribuenti di accordarsi con il Fisco sulle tasse da pagare in futuro in cambio della rinuncia agli accertamenti.

20 miliardi dal condono edilizio

Il patrimonio immobiliare italiano è stimato in 60 milioni di unità immobiliari valutate 10 mila miliardi di euro, di cui 6 mila delle famiglie e 4 mila di imprese, società ed enti. Secondo alcune recenti stime dell'Agenzia del Demanio, vi sarebbero almeno 6-8 milioni di unità immobiliari abusive, di cui 3-4 milioni non ancora in regola con il fisco. Il Professore Forte ipotizza di recuperare almeno 20 miliardi di euro allestendo una nuova sanatoria edilizia.

Altri interventi

In linea con le stime della Fondazione Astrid, anche l'ex Ministro ritiene opportuno siglare un accordo con le autorità svizzere sulla tassazione dei capitali esportati illegalmente in Svizzera. L'obiettivo del provvedimento è quello di far riemergere circa 13 miliardi di euro.

Tra gli altri interventi inseriti nella proposta figurano anche un prestito forzoso da 20 miliardi sui grandi patrimoni, la revisione del sistema legislativo in materia di concessioni telefoniche (18 miliardi di gettito *una tantum*) e, infine, la cartolarizzazione e cessione dei crediti fiscali della Pubblica Amministrazione (10 miliardi).

SAMORÌ: DIMEZZARE IL DEBITO PUBBLICO E RILANCIARE IL «MADE IN ITALY»

La cura "taglia debito" del banchiere Samorì: la parziale dismissione degli asset immobiliari e azionari dello Stato, un prelievo *una tantum* sui grandi patrimoni, l'oro di Banca d'Italia e l'abolizione delle fondazioni.

Dimezzare lo stock di debito pubblico è possibile, ma per farlo occorre agire contemporaneamente su più fronti, ricorrendo sia alle più classiche delle soluzioni – ovvero dismettendo gli immobili demaniali inutilizzati e applicando un'imposta *una tantum* sui grandi patrimoni – sia attingendo alle riserve di Banca d'Italia e confiscando i patrimoni delle fondazioni. Ne è convinto l'Avvocato Gianpiero Samorì, noto banchiere modenese e fondatore del movimento "Moderati Italiani in Rivoluzione" (MIR).

Dismissioni immobiliari e azionarie per 100 miliardi

A differenza di quanto recentemente proposto dal PdL, Samorì ritiene impossibile poter incassare in tempi rapidi 400 miliardi di euro dalla cessione di immobili e di partecipazioni azionarie.

«*Oggi è difficile riuscire a monetizzare quel tipo di somme* – spiega il banchiere – *perché bisogna trovare anche a chi vendere. Occorre essere realisti e ipotizzare di riuscire a collocare sul mercato asset pubblici per un controvalore compreso tra i 50 e i 100 miliardi di euro*».

Per rendere più appetibili gli immobili oggetto di dismissione, si potrebbe offrire agli acquirenti non solo agevolazioni fiscali, ma anche un iter burocratico più snello. «*Chi compra un immobile del demanio per convertirlo poi in albergo* – precisa Samorì – *deve ricevere il via libera ai lavori entro 90 giorni*».

Un prelievo "una tantum" sui patrimoni oltre i 10 milioni di euro

Il piano "taglia debito" del banchiere modenese prevede anche un contributo straordinario, ossia una super tassa, per chi dispone di patrimoni superiori ai dieci milioni di euro. Secondo Samorì, si tratterebbe di un modo per dimostrare agli italiani che anche i benestanti intendono contribuire attivamente e visibilmente al risanamento delle finanze pubbliche. L'obiettivo di questa misura *una tantum* è quello di raccogliere quasi 300 miliardi di euro.

200 miliardi dalle dotazioni auree e valutarie di Banca d'Italia

L'aspetto più controcorrente della "proposta Samorì" è forse quello di impiegare le riserve auree e valutarie di Banca d'Italia (valutate 200 miliardi circa) per ridurre lo stock di debito. La proposta non tiene però conto del fatto che le riserve auree e valutarie di Palazzo Koch sono inserite nel Sistema europeo delle banche centrali (SEBC). Andrebbe pertanto verificato con l'Europa se sia accettabile impiegare tali risorse in funzione "taglia debito".

Abolire le fondazioni bancarie e usare i loro patrimoni per abbattere il debito

Vi sono poi le dotazioni patrimoniali delle fondazioni bancarie e non. Samorì suggerisce di annettere questi patrimoni – stimati in oltre 350 miliardi di euro – al patrimonio dello Stato, dopo averli trasferiti in un veicolo societario messo a garanzia del debito pubblico. Il debito italiano verrebbe così puntellato da garanzie reali, ossia da beni immobiliari, liquidità, azioni e obbligazioni societarie.

Meno sprechi, meno tasse e più politiche a favore dell'innovazione

Il banchiere ritiene, inoltre, improcrastinabile una dettaglia analisi di tutti i centri di costo della funzione pubblica, eliminando quelle attività che non producono alcun valore aggiunto per il Paese. Imperativa è poi la necessità di alleggerire la pressione fiscale «*per ricreare economia di consumo*» e disincentivare l'evasione.

Sul fronte dell'innovazione, invece, l'imprenditore modenese suggerisce l'introduzione di una norma che divieti entro il 2018 la vendita di autovetture che non siano elettriche o a idrogeno. Secondo Samorì, una simile predisposizione faciliterebbe non solo la creazione di nuovi gruppi industriali italiani, ma farebbe dell'Italia il leader mondiale del settore.

FARE PER FERMARE IL DECLINO: RIDURRE IL DEBITO DI 210 MILIARDI

Ecco come "Fare per Fermare il Declino" intende attaccare il debito: dismissioni patrimoniali, accordo fiscale Italia-Svizzera e valorizzazione delle concessioni pubbliche.

Per fermare il declino italiano, occorre portare il rapporto debito pubblico/PIL al di sotto del 100% dismettendo una parte del patrimonio pubblico e contestualmente riducendo la spesa. Sono questi gli ingredienti della cura "taglia debito" di Oscar Giannino e di Fare per Fermare il declino.

Fare per Fermare il declino propone di ridurre entro il 2018 lo stock di debito di 210 miliardi di euro dismettendo una parte degli asset immobiliari e mobiliari pubblici (197 miliardi), siglando un accordo fiscale tra l'Italia e la Svizzera (9 miliardi) e valorizzando le concessioni statali (4 miliardi).

105 miliardi in 5 anni dalla parziale dismissione del patrimonio immobiliare

In base ad alcuni recenti studi, il patrimonio immobiliare disponibile – che non tiene in conto i beni di valore storico e artistico – è stimato in 420 miliardi, ma scende a 72 miliardi se si escludono quegli stabili attualmente occupati ma tecnicamente vendibili.

Secondo Fare per Fermare il declino, considerato il quadro macroeconomico corrente e il fatto che la proprietà immobiliare pubblica è dispersa e frazionata fra vari enti, si può ipotizzare di riuscire a dismettere asset per 105-110 miliardi di euro.

Analogamente ad altre proposte "taglia debito", anche Fare per Fermare il declino ritiene opportuno offrire ai potenziali acquirenti agevolazioni fiscali e burocratiche per rendere più appetibili i cambiamenti di destinazioni d'uso degli immobili.

Dismissioni per 90 miliardi e liberalizzazione dei mercati

Vi sono poi le partecipazioni statali in grandi aziende. Secondo Oscar Giannino, è tecnicamente possibile monetizzare 90 miliardi dalla privatizzazione di società partecipate dal Tesoro, dismettendo (direttamente oppure attraverso la Cassa Depositi e Prestiti) le società più appetibili, ossia le aziende quotate in borsa (Eni, Enel, Terna, Snam, Finmeccanica e StMicroelectronics) e quelle non quotate (Poste, Ferrovie dello Stato Italiane, Rai, Inail, Sace, Fintecna). In ogni caso, prima di procedere con le dismissioni, sarebbe necessario operare il breakup di alcune conglomerate oppure liberalizzare i relativi mercati.

Accordo fiscale Italia-Svizzera e la valorizzazione delle concessioni

Secondo un recente studio di Astrid, corrisponderebbe a 13,5 miliardi l'importo che può essere ottenuto siglando un accordo con le autorità svizzere sulla tassazione dei capitali esportati illegalmente in Svizzera.

Più prudenti sono, invece, le stime di Fare per Fermare il declino. Secondo questi, è, infatti, è più realistico attendersi entrate nell'ordine di 9 miliardi. A questi, andrebbero sommati altri 4 miliardi dalla revisione del sistema delle concessioni pubbliche.

Tagli alla spesa e alle imposte

Per contenere il rapporto debito/PIL occorre, inoltre, operare un'accorta revisione della spesa pubblica. Oscar Giannino propone di ridurre la spesa pubblica primaria del 5 percento concentrandosi sulle due voci di spesa che hanno subìto gli aumenti più vistosi nell'ultimo decennio, ossia affari generali e spesa previdenziale. L'obiettivo di tali provvedimenti è liberare risorse da destinare all'ammorbidimento del cuneo fiscale, una condizione necessaria per riavviare la crescita e stimolare l'iniziativa privata.

PENNISI: UN FONDO PUBBLICO-PRIVATO A GARANZIA DEL DEBITO

Il Consigliere del Cnel suggerisce di mettere i migliori asset pubblici e privati a garanzia delle nuove emissioni di Titoli di Stato.

«*I mercati non si aspettano una "taglia debito" ma politiche che facciano aumentare produttività e competitività e, quindi, rimetterci su un sentiero di crescita*». È questa l'autorevole opinione in materia di debito pubblico del Professore Giuseppe Pennisi[23], Consigliere del Cnel ed ex Dirigente Generale ai Ministeri del Bilancio e del Lavoro.

Secondo il docente dell'Università Europea di Roma, in assenza di crescita si rischierebbe di tornare rapidamente allo status quo ex ante. «*In Italia Einaudi portò, nel giro di tre anni, il debito pubblico dal 120% al 24% del PIL utilizzando, però, la più iniqua delle tasse (la maxinflazione) e la riforma monetaria* – spiega Pennisi – *e dopo meno di dieci anni il debito pubblico già superava il 60% del PIL. Nel 1992-93, Amato ridusse di un sol colpo del 10% lo stock di debito con una gamma di strumenti dalla patrimoniale sui conti correnti alla svalutazione: tre anni dopo eravamo al livello di prima poiché il Governo Ciampi ed il Parlamento sotto elezioni ridussero la morsa*».

---

[23] "Caro Tremonti, ecco come sfruttare al meglio le privatizzazioni", G. Pennisi, ilsussidiario.net, 3 ottobre 2011.

Un fondo pubblico-privato a garanzia del debito

Per superare l'attuale impasse economico-finanziario, il Professore Pennisi propone l'istituzione di un Fondo per il riscatto del debito pubblico. Si tratterebbe di mettere a garanzia delle nuove emissioni di Titoli di Stato i migliori asset pubblici e privati.

Gli immobili della pubblica amministrazione e le partecipazioni statali in grandi aziende

La proposta prevede di far confluire nel Fondo il patrimonio immobiliare pubblico – che oggi rende poco o nulla allo Stato e alle pubbliche amministrazioni – e una parte delle partecipazioni statali in grandi aziende (tra cui Enel, Eni, Finmeccanica, Poste Italiane, Sace, STMicroelectronics e Poligrafico).

Usare il patrimonio immobiliare privato sulla base della proposta Monorchio-Salerno

Il Professore Pennisi suggerisce inoltre di includere nel "Fondo per il riscatto del debito pubblico" una parte del patrimonio immobiliare privato, su base volontaria e in cambio di un'esenzione fiscale permanente da eventuali imposte patrimoniali. Si tratterebbe pertanto di attuare alcuni aspetti della proposta Monorchio-Salerno inducendo i cittadini possessori di immobili a sottoscrivere un mutuo bancario con ipoteca pari al 10 per cento del valore della proprietà.

Obiettivi e beneficiari del fondo di garanzia

Il Fondo, aggregato attraverso un'operazione di cartolarizzazione e garantito da asset di prima qualità, emetterebbe titoli con un rendimento pari al tasso di sconto della Bce, consentendo di risparmiare decine di miliardi all'anno in costi di rifinanziamento e liberando risorse da destinare al riacquisto del debito e a favore del rilancio economico e occupazionale del Paese.

IPERURANIO-FUGAZZI: 7 IDEE PER L'ITALIA

Un piano in sette mosse per ridurre lo stock di debito senza svendere, ma per valorizzare e rilanciare il Bel Paese.

La Proposta Iperuranio-Fugazzi intende arricchire il dibattito sulla finanza pubblica offrendo una soluzione ibrida in grado non solo di ridurre lo stock di debito, ma anche di contribuire al rilancio del "made in Italy" attraverso la valorizzare del patrimonio demaniale. Di seguito vengono illustrati i capisaldi della proposta.

La dismissione di asset non strategici e disponibili attraverso l'emissione di obbligazioni "cum warrant"

La prima tranche della Proposta Iperuranio prevede il trasferimento di una parte del patrimonio immobiliare disponibile e non strategico a una società pubblica appositamente costituita ("Fondo Iperuranio Immobiliare"). Il fondo si accollerebbe l'onere di emettere obbligazioni "cum warrant"[24], per un controvalore di 200 miliardi di euro, reperendo liquidità fresca da trasferire al Tesoro senza, tuttavia, collocare immediatamente gli immobili sul mercato. Si userebbe, pertanto, lo strumento delle obbligazioni "cum warrant"

---

[24] La proposta ricalca alcuni aspetti della piano "taglia debito" di Michele Fratianni, Antonio Maria Rinaldi e Paolo Savona.

per conferire ai possessori la facoltà di acquistare i beni oggetto di dismissione a una data futura (tra 5 o 10 anni in base alla tipologia di immobili da opzionare). Gli interessi da corrispondere su base annua equivarrebbero al più grande tra la variazione percentuale del costo ufficiale della vita e la metà della rivalutazione percentuale dei valori di mercato degli immobili. Un esempio può risultare chiarificatore. Se nell'anno 20XX l'inflazione si è attestata al 2,5% mentre il valore medio degli immobili si è rivalutato del 6%, al titolare dell'obbligazione verrebbe corrisposto un interesse pari al 3% (6% x 0.5).

L'emissione di obbligazioni garantite dalle riserve auree e dai migliori beni dello Stato

La seconda fase dell'operazione Iperuranio propone l'allestimento di un fondo pubblico ("Fondo Obbligazionario Iperuranio"), gestito direttamente dal Ministero dell'Economia, che emetta obbligazioni garantite dai valori borsistici delle partecipazioni statali nelle grandi aziende italiane e dalle riserve auree di Banca d'Italia[25]. Questa serie speciale di Titoli di Stato da 110 miliardi di euro, denominata "Iperuranio Gold and Asset Backed Bonds" (IGABB), sarebbe interamente coperta da garanzie reali (100 miliardi dalle riserve auree più altri 10 miliardi dai valori azionari). Il "Fondo

---

[25] Lo scorso 26 giugno il presidente di Consob Giuseppe Vegas, durante un'audizione al Senato della Repubblica, ha proposto di costituire una società pubblica mettendo gli asset più pregiati dello Stato e le riserve auree di Banca d'Italia a garanzia delle emissioni obbligazionarie.

Obbligazionario Iperuranio" si riserverebbe, inoltre, la facoltà di intervenire sul mercato secondario, riacquistando i titoli del debito pubblico emessi a tassi di rendimento elevati al fine di stabilizzare i tassi di riferimento. Si tratterebbe, pertanto, di costituire un fondo anti-spread nazionale. L'attivazione di questa *safeguard* richiederebbe all'Italia di svincolare temporaneamente le proprie riserve auree dal Sistema europeo delle banche centrali (SEBC) concedendo, come contropartita, la rinuncia ai meccanismi "salva vita" di Bruxelles e Francoforte.

Mediante l'istituzione del "Fondo Obbligazionario Iperuranio" lo Stato risparmierebbe circa 10 miliardi annui tra costi di finanziamento e spese dirette e, forte della presenza di riserve auree a garanzia delle emissioni debitorie, il rischio percepito del Paese diminuirebbe, con diretti benefici sul giudizio di rating.

Introdurre i "leasehold" demaniali per valorizzare il patrimonio artistico italiano

L'Italia possiede il più grande patrimonio artistico e culturale al mondo con oltre 9 mila tra monumenti, aree archeologiche, musei e siti UNESCO. Nonostante questa enorme ricchezza, il ritorno economico dei nostri beni culturali è significativamente inferiore a quello di Francia, Regno Unito e Stati Uniti. La società di consulenza PwC ha stimato che i siti UNESCO di questi

Paesi generino un ritorno commerciale pari a 4, 7 e 16 volte quello italiano.

L'Articolo 9 della nostra Costituzione[26] prevede la valorizzazione e la tutela di questo enorme tesoro. Si potrebbe, pertanto, riqualificare il patrimonio storico, artistico e culturale del Bel Paese avviando un processo virtuoso che preveda l'introduzione in Italia dei titoli di proprietà "freehold" e "leasehold"[27]. La distinzione degli immobili demaniali fra "freehold" – il diritto sulla proprietà immobiliare pieno e assoluto – e "leasehold" – il diritto sulla proprietà immobiliare per un determinato numero di anni (generalmente tra i 50 e i 99 anni) – consentirebbe allo Stato (il "freehold") di realizzare pressoché interamente il valore finanziario corrispondente alla vendita tradizionale pur mantenendo i diritti di proprietà sugli immobili e le opere artistiche di valore storico. L'introduzione dello strumento del "leasehold" non solo genererebbe un importante ritorno economico, ma darebbe nuovo impeto al turismo italiano, incoraggiando la preservazione di edifici e opere artistiche attraverso la realizzazione di poli museali privati.

---

[26] "La Repubblica promuove lo sviluppo della cultura e la ricerca scientifica e tecnica. Tutela il paesaggio e il patrimonio storico e artistico della Nazione".

[27] Nelle note conclusive della proposta Masera-Bivona ("Austerità fiscale e crescita: binomio o antinomia?") si accenna alla possibilità di seguire l'esempio di altri Paesi introducendo in Italia lo strumento del "leasehold".

Una spending review basata sul modello giapponese

Come annotato dall'Ambrosetti Club, si potrebbe rivedere il processo di Spending Review adottato dal Governo Monti prendendo a modello l'esempio giapponese. Si tratterebbe di affidare a un'unità governativa il compito di attuare una profonda revisione dei programmi di spesa e dell'allocazione delle risorse.

Al processo di *audit* contribuirebbero anche i cittadini segnalando nell'area *spending review* del portale web del Governo (o dei Ministeri) eventuali sprechi e inefficienze.

L'abolizione delle fondazioni bancarie

Diversi addetti ai lavori, come Riccardo Calimani della Fondazione di Venezia e Francesco Venanzi del Gruppo Eni, e rinomati economisti – tra cui Tito Boeri e Luigi Guiso – ritengono superato il business model delle fondazioni bancarie.

L'autore della Proposta Iperuranio ritiene opportuno trasformarle in S.p.A., assegnando i pacchetti azionari – stimati in 50-70 miliardi di euro – al Ministero del Tesoro allo scopo di gradualmente dismetterebbe le quote in funzione di riduzione del debito pubblico.

Un accordo fiscale con svizzera

In linea con alcune delle proposte già illustrate in questo saggio, anche la Proposta Iperuranio suggerisce la messa in regola con il fisco italiano dei capitali esportati illegalmente in Svizzera. Un accordo fiscale tra i due Paesi potrebbe fruttare allo Stato italiano un introito *una tantum* tra i 9 e i 13,5 miliardi di euro.

Ridurre il cuneo fiscale per riavviare l'economia

La situazione economica italiana suggerisce il varo di un numero di provvedimenti mirati a riavviare la crescita. L'attuazione delle precedenti sei proposte Iperuranio consentirebbe allo Stato di liberarsi dall'assillo del debito pubblico e dei suoi costi di gestione, reperendo importanti risorse da destinare agli investimenti pubblici materiali e immateriali, e all'alleggerimento del cuneo fiscale che grava su famiglie, aziende e lavoro.

CONCLUSIONE

Nel 2010 due autorevoli economisti dell'Università di Harvard e del Maryland, Carmen Reinhart e Kenneth Rogoff, hanno pubblicato sulla prestigiosissima *American Economic Review* uno studio intitolato "Growth in a time of debt", dimostrando come alti livelli di debito pubblico risultino negativamente correlati con la crescita economica e, in modo particolare, quando il rapporto debito/PIL supera il 90%.

Sebbene Reinhart e Rogoff siano stati molto attenti nel ribadire che i loro risultati non dimostrano l'esistenza di un rapporto causa-effetto tra debito e crescita, molti commentatori e politici hanno voluto vedere nelle loro conclusioni un nesso causale, per poi utilizzare il presunto legame debito-crescita come un argomento a favore delle politiche di austerità.

"Growth in a time of debt" non ha solamente animato il recente dibattito politico europeo e statunitense, ma ha anche innescato la pubblicazione di altri studi volti a valutare la robustezza dei risultati del saggio academico di Reinhart e Rogoff.

La discussione sul rapporto tra debito e crescita nelle economie avanzate si è accesa in seguito alla pubblicazione di un articolo di Herndon, Ash, e Pollin[28] che contesta alcune conclusioni di "Growth in a time of debt". Secondo gli economisti dell'Università del Massachussetts (UMass), il lavoro di Reinhart e Rogoff sarebbe da invalidare perché viziato da un grossolano errore in Excel. Nel frattempo però altri studi[29] hanno confermato l'esistenza di una soglia oltre la quale il rapporto debito/PIL inizia ad avere un impatto negativo sulla crescita, una nozione che – anche per chi non è familiare con le ricerche in ambito accademico ed economico – può risultare plausibile.

A stupire non è l'errore in Excel in sé, ma il fatto che ad aver animato l'intero dibattito sia stata la sola convinzione di voler quantitativamente identificare la soglia target del rapporto debito/PIL, tralasciando una serie di altre valutazioni, anche qualitative, così importanti da poter poi influenzare le conclusioni di questi studi. Praticamente nessuno, infatti, ha dato sufficientemente importanza ad elementi quali la Storia e la struttura demografica di ciascuna Nazione, l'unità monetaria adottata e l'appartenenza o meno a un'area economica.

L'Europa stessa da Maastricht in poi ha commesso lo stesso errore, fissandosi un target – il conseguimento di un rapporto debito/PIL pari al 60% – che molto

---

[28] "Does High Public Debt Consistently Stife Economic Growth? A Critique of Reinhart and Rogoff", T. Herndon, T. Ash, R. Pollin, aprile 2013.

[29] Hoogduin L., Oztturk B., Wierts P., 2011; Legrenzi G.D., Milas C., 2011 dimostrano che quando il rapporto debito pubblico/PIL supera l'85%, l'eccessivo stock di debito rallenta la crescita di almeno un punto percentuale.

probabilmente verrà prima o poi ricalibrato o rimosso dai *policy maker* del Vecchio Continente.

Ma anche prendendo per buona la concezione secondo cui un eccessivo stock di debito dreni importanti risorse all'economia e rallenti la crescita, è importante mantenere il rapporto debito/PIL sotto controllo e ridurlo quando inizia a diventare un fardello troppo pesante e oneroso.

Per poter portare il rapporto debito/PIL in prossimità della soglia psicologica del 100%, Paesi come l'Italia devono ricercare un'alternativa alle politiche di austerità fiscale e sociale fino a questo momento richieste dall'Europa.

La soluzione al problema dell'eccessivo indebitamento non può che essere l'attuazione di alcune delle proposte descritte in questo saggio. Senza pensare magari troppo in grande, si potrebbe iniziare ad alleggerire il fardello dismettendo i beni pubblici disponibili e non strategici, valorizzando il patrimonio artistico attraverso un piano di concessioni e di partnership miste pubblico-privato, abolendo le fondazioni bancarie e – infine – attuando una profonda revisione di tutti i centri di costo della spesa pubblica.

Certamente tutto questo comporterebbe un rovesciamento del paradigma culturale ed operativo del nostro Paese, e prima ancora della nostra classe dirigente, nel pragmatico tentativo di modificare, contenendoli, tutti quei centri dove la spesa è maggiore, e di investire laddove le entrate potrebbero essere ben più cospicue, in considerazione dello straordinario valore paesaggistico, culturale, storico di cui forse inconsapevolmente disponiamo.

Stefano Fugazzi

APPENDICI

UN'AGENDA DI PRIVATIZZAZIONI

IBL Policy Paper (Istituto Bruno Leoni), 23 agosto 2011[30]

La crisi italiana sembra essere giunta, nell'agosto 2011, a un punto di non ritorno. I tassi di interesse che i mercati chiedono al paese per acquistare i suoi titoli di debito sono incompatibili con qualunque sentiero di controllo della spesa, in assenza di provvedimenti severi e urgenti dal lato delle entrate o delle uscite.

Questo paper intende suggerire che una radicale politica di privatizzazioni possa offrire al paese un doppio dividendo. Da un lato, gli introiti delle privatizzazioni potrebbero, e dovrebbero, essere impiegati per abbattere il debito, rifuggendo alla tentazione di impiegarli per alimentare la spesa corrente. Va detto, peraltro, che agli attuali tassi di interesse l'abbattimento del debito è uno degli strumenti più forti di contenimento della spesa. Dall'altro lato, le privatizzazioni – se effettuate nell'ambito di un coerente progetto di apertura del mercato, e non si riducono al mero trasferimento di monopoli pubblici in mani private – sono anche un importante strumento per innescare dinamiche competitive più virtuose. È pertanto necessario che, come più volte auspicato dal nostro Istituto (l'Ibl ha spesso avanzato la proposta di procedere alla dismissione degli asset pubblici, e in particolare ne ha

---

[30] Fonte: http://www.brunoleoni.it/upload/IBL-PolicyPaper-04-Privatizzazioni.pdf

fatto uno degli elementi portanti del proprio "Manuale per le riforme" pubblicato alla vigilia delle elezioni politiche 2008), le dismissioni siano accompagnate da liberalizzazioni volte a consentire la nascita di un mercato competitivo.

In questo modo, le privatizzazioni possono contribuire alla crescita economica, oltre che fornire una risposta ai timori di breve termine sulla solvibilità finanziaria dell'Italia, sia attraverso l'effetto pro-crescita della riduzione del debito, sia attraverso l'effetto pro-crescita di un rinnovato impulso alle liberalizzazioni.

Le buone ragioni delle privatizzazioni

Stato ed enti locali possiedono importanti asset mobiliari e immobiliari. In entrambi i casi, al di là di una ristretto numero di enti o società strumentali e di edifici storici o funzionali al core business delle amministrazioni pubbliche, gran parte delle proprietà pubbliche può essere alienata senza che l'erogazione dei servizi pubblici o lo svolgimento delle funzioni pubbliche ne risentano. Occorre piuttosto distinguere tra asset che possono essere ceduti immediatamente (o nel breve termine), e asset che richiedono un lavoro più impegnativo. In generale, il processo di privatizzazione degli immobili tende ad avere tempi più lunghi di quanto accade per le proprietà mobiliari.

Due ulteriori distinzioni meritano di essere fatte, parlando di società di capitali. Anzitutto occorre distinguere tra società strutturalmente in utile e società strutturalmente in perdita (al netto dei sussidi). Queste ultime, tranne alcuni casi, non dovrebbero essere cedute ma messe in liquidazione, smembrandone e vendendone separatamente gli asset. Laddove esse beneficino di sussidi pubblici a fronte di obblighi di servizio universale, come nel caso della compagnia di navigazione Tirrenia, oggetto di un caso da manuale di come le privatizzazioni non dovrebbero essere fatte (Giuricin 2010), i contributi pubblici dovrebbero essere messi a gara.

Una seconda distinzione riguarda le aziende che operino in condizioni monopolistiche, di quasi-monopolio o di favore legislativo, e quelle che invece si trovano in un contesto sostanzialmente concorrenziale. Mentre queste ultime possono essere cedute senza indugio, le prime possono richiedere forme di riorganizzazione o di riforma in maniera tale da liberalizzare il mercato, contestualmente all'uscita dello Stato (o degli enti locali) dagli assetti proprietari.

Tutto questo non risponde, tuttavia, alla domanda fondamentale: al di là dell'impatto contabile sul debito e la spesa per interessi, perché bisogna privatizzare? Vi sono ragioni, per così dire, soggettive e ragioni oggettive. Le ragioni soggettive riguardano l'effetto delle privatizzazioni sulle aziende privatizzate; le ragioni oggettive hanno a che fare con le conseguenze della trasformazione di soggetti da pubblici a privati sull'organizzazione e il funzionamento del mercato. Generalmente, l'evidenza, ormai massiccia, accumulata con le privatizzazioni degli anni Ottanta e Novanta mostra al di là di ogni ragionevole dubbio che (a) le imprese privatizzate diventano più efficienti, (b) le privatizzazioni tendono a favorire lo sviluppo dei mercati finanziari, e (c) le privatizzazioni tendono a essere associate con la modernizzazione delle strutture di governo societario, anche al di là delle specifiche imprese cedute dallo Stato (Megginson e Netter 2001). I punti (b) e (c) sono particolarmente veri nei paesi più arretrati, categoria della quale senza dubbio l'Italia fa parte, almeno in relazione alla maggior parte delle nazioni industrializzate.

L'indagine dell'Ocse (Oecd 2003) sulle privatizzazioni nei paesi membri è coerente con questi risultati. Affinché il processo di privatizzazione abbia successo, l'Ocse suggerisce dieci "lezioni" ricavate dall'esperienza:

1) Il supporto politico al massimo livello è imprescindibile;

2) Identificare e articolare fin dall'inizio gli obiettivi politici;

3) Garantire trasparenza e integrità al processo;

4) Affidarsi anche a consulenti esterni e risorse dedicate;

5) Risolvere le questioni di competizione e regolatorie prima della vendita;

6) Garantire un'adeguata comunicazione per spiegare la politica e rispondere alle preoccupazioni degli stakeholder;

7) Limitare le restrizioni alla proprietà straniera;

8) Scaglionare le vendite può influenzare il successo del programma;

9) La suddivisione delle vendite dovrebbe essere guidata da considerazioni commerciali;

10) Gli strumenti di controllo post-privatizzazione dovrebbero essere usati con giudizio.

Tutte queste indicazioni sono rilevanti, anche alla luce dell'esperienza italiana. Dato il momento attuale, risultano particolarmente cogenti le lezioni numero 1), 3), 5), 6) e 7). Anzitutto, il programma di privatizzazioni – sia relativo ad asset di proprietà dello Stato, sia quando riguarda gli enti locali – deve essere una priorità del governo e, se possibile e nella misura in cui è possibile, essere condiviso con l'opposizione. La frammentazione politica è tipicamente un ostacolo alle privatizzazioni e, laddove queste avvengano comunque, alle buone privatizzazioni (Pinotti e Bortolotti 2008). Secondariamente, anche alla luce dei sospetti più o meno ingiusti relativi al precedente ciclo di privatizzazioni, è importante che ogni passo si svolga alla luce del sole e che sia propriamente e interamente comunicato. Ciò è particolarmente importante anche alla luce del recente voto referendario sui servizi pubblici locali, che ha scontato pavidità e opportunismo da parte delle forze politiche, ma anche una percezione negativa, e perlopiù ingiusta, delle esperienze passate. Portare a compimento i processi di liberalizzazione contestualmente alle privatizzazioni serve non solo a massimizzarne gli effetti pro-crescita, ma anche a ridurre l'opposizione alle privatizzazioni: ciò può richiedere interventi normativi o di riorganizzazione aziendale. Infine, limitare artificialmente l'afflusso di apporti di capitale non-italiani non ha alcun senso né rispetto all'obbiettivo di "fare cassa" con le privatizzazioni, né rispetto a quello di impiegarle come politica pro-competitiva.

L'esperienza italiana

L'Italia ha privatizzato asset di enorme valore negli anni Novanta: nel periodo 1979-1999, coi 122 miliardi di dollari incassati è seconda solo alla Gran Bretagna per l'entità del processo di privatizzazione affrontato. Le necessità di cassa e di riduzione del debito sono state probabilmente la causa primaria di questo piano di dismissioni, anche se pure la consapevolezza che l'apertura dei mercati fosse incompatibile col predominio di società pubbliche ha avuto giocato un qualche ruolo. Barucci e Pierobon (2007) hanno riscontrato anche per l'Italia, coerentemente alla letteratura internazionale, un recupero di efficienze e redditività delle imprese privatizzate, in particolare grazie alla crescita della produttività del lavoro. Le criticità maggiori, scrivono, "emergono rispetto all'efficacia dell'azione (politica) nella definizione di assetti proprietari stabili (come il caso Telecom insegna) e nella creazione di un complesso istituzionale adeguato in tema di regolamentazione, laddove lo Stato spesso si trova in conflitto di interessi come azionista di riferimento di numerose public utilities e al contempo, in quanto regolatore, arbitro della profittabilità delle stesse".

Questa valutazione consente di declinare quale sia lo spazio per effettuare nuove privatizzazioni: oltre all'uscita dello Stato dai settori in cui è rimasto pesantemente coinvolto, resta da completare un processo che si è avviato parallelamente rispetto a quello di liberalizzazione, ma che poi se ne è disaccoppiato, mentre l'apertura dell'economia procedeva, se non altro sotto la spinta delle direttive comunitarie. In particolare, il grande limite delle privatizzazioni italiane è stato quello di procedere solo in rari casi alla cessione totale delle aziende controllate: più spesso, esse sono state quotate in borsa con l'alienazione di un numero di quote tale da garantire il permanere di un diritto di controllo in capo all'azionista pubblico.

Riaprire il libro delle privatizzazioni richiede un salto di qualità rispetto al passato: implica infatti il coinvolgimento di soggetti diversi dallo Stato (cioè gli enti locali) e una più precisa mappatura degli asset pubblici, incluso lo sviluppo di tecniche di vendita e valorizzazione più sofisticate che in passato.

Cosa privatizzare: le imprese pubbliche

Assodata la necessità e l'utilità delle politiche di privatizzazioni, è utile prendere in considerazione gli asset di proprietà pubblica, in particolare quelli di proprietà del Tesoro, e valutare se e a quali condizioni essi possano essere ceduti, e con quale gettito.

Barucci e Pierobon (2010) contano 26 società controllate dal Tesoro, con un totale di 500 mila dipendenti e ricavi nell'ordine di 250 miliardi di euro. Tra il 1997 e il 2007 il volume dei ricavi è quasi raddoppiato, mentre il processo di riduzione degli organici sembra essersi interrotto nel 2006. Molte di queste imprese, però, pur essendo formalmente società per azioni, sono nei fatti enti strumentali del governo, preposti a svolgere funzioni di regolazione o altre funzioni propriamente pubbliche.

Essi possono essere riorganizzati, in alcuni casi aboliti, e razionalizzati, ma certo non si prestano alla privatizzazione: esempi di questi "enti" sono l'Enav, il Gse, Alitalia Servizi (la bad company risultante dal salvataggio di Alitalia), il Cnr, la Consip, l'Enac. L'Anas rappresenta un caso a parte perché, pur svolgendo una funzione di regolatore, è anche titolare di concessioni autostradali, che potrebbero essere cedute. Anas non viene tuttavia inclusa in questa valutazione.

In alcuni casi sono necessarie riforme o riorganizzazioni aziendali. L'Eni, per esempio, mantiene la sua struttura verticalmente integrata, che di per sé rappresenta un ostacolo al buon funzionamento del mercato (Stagnaro e Testa 2011). Prima della privatizzazione, l'azienda andrebbe smembrata, con l'uscita di Snam Rete Gas (che controlla il trasporto nazionale del gas, gli stoccaggi e il maggiore soggetto attivo nella distribuzione locale) dal suo perimetro aziendale. Potrebbe essere ragionevole anche scorporare la utility dalla oil company, che oggi convivono all'interno dello stesso soggetto: secondo un fondo azionista, tale razionalizzazione potrebbe far emergere un "valore nascosto" pari a 50 miliardi di euro di capitalizzazione. Tuttavia, allo scopo di mantenere conservativa la stima, tale "tesoretto" non verrà incluso.

Per Ferrovie dello Stato vale un discorso analogo: l'attuale struttura verticalmente integrata è incompatibile con la concorrenza. Rete Ferroviaria Italiana andrebbe pertanto separata, non solo formalmente, da Trenitalia (Bozzi 2009). Andrebbero riformate anche le norme che blindano nei fatti il monopolio dell'incumbent, e in particolare la facoltà di impedire fermate intermedie ai concorrenti nazionali nel caso in cui questo possa "compromettere l'equilibrio di bilancio" del monopolista (Ibl 2011; Boitani e Scarpa 2009). Considerazioni non diverse si applicano a Poste Italiane, la cui privatizzazione richiederebbe sia una riorganizzazione interna (con almeno lo scorporo di Bancoposta) sia riforme normative (Visco Comandini e Magrone 2011).

Tutte le altre controllate possono essere privatizzate senza particolari accorgimenti.

Cosa privatizzare: il patrimonio immobiliare

Oltre a una molteplicità di imprese, Stato ed enti locali posseggono pure un ingente patrimonio immobiliare. La valutazione del suo valore aggregato è estremamente volatile, perché dipende – tra l'altro – dalle assunzioni che vengono fatte sugli effetti che il rilascio più o meno contestuale di una tale massa di immobili avrebbe sul mercato, il reale stato di conservazione degli edifici, gli strumenti adottati per l'alienazione, eccetera.

Uno studio pubblicato dall'Istituto Bruno Leoni e dalla Fondazione Magna Carta valuta il valore complessivo in circa 400 miliardi di euro. beni delle amministrazioni territoriali e supponendo conservativamente che circa la metà del patrimonio dello Stato, un terzo di quello delle università, e i due terzi di quello di enti pubblici e previdenziali possa essere ceduto in tempi compatibili, si può stimare un gettito potenziale di almeno 36 miliardi di euro.

Chiaramente, in questo caso la parte più importante del patrimonio pubblico è in mano alle amministrazioni territoriali, le quali potrebbero essere indotte a cederne una quota consistente a copertura del proprio debito e dunque a garanzia indiretta di quello dello Stato.

I beni degli enti territoriali dovrebbero essere impiegati allo scopo di estinguere i debiti di questi ultimi verso la Cassa depositi e prestiti, in modo da risanare le finanze pubbliche locali. In particolare potrebbe essere rapidamente venduta la quota di immobili libera, stimabile tra il 3 e il 5 per cento del totale, per un valore di mercato tra i 20 e i 40 miliardi di euro, e quella parte dell'edilizia residenziale pubblica che ha perso la sua finalità originale, stimabile nel 60 per cento del totale per un valore di mercato di circa 30 miliardi di euro.

In tutto, quindi, realisticamente si potrebbe ottenere dalla cessione del patrimonio immobiliare ai vari livelli un totale di circa 100 miliardi di euro.

I TITOLI DI STATO ITALIANI

Di seguito un estratto ripreso dal portale web www.borsaitaliana.it sui diversi programmi di emissione di Titoli di Stato.

I Titoli di Stato sono strumenti emessi dai governi nazionali per finanziare le proprie esigenze di indebitamento, soddisfare il fabbisogno del paese e far fronte alle attività istituzionali.

Sul MOT (Mercato Telematico delle Obbligazioni) è possibile negoziare i titoli di Stato di diversi paesi dell'Unione Europea, oltre naturalmente a tutti i Titoli di Stato italiani. Sono infatti quotati titoli governativi tedeschi, francesi, spagnoli, greci, austriaci e svedesi. I Titoli di Stato sono caratterizzati da:

- regolarità nei collocamenti: le emissioni di titoli statali vengono fatte con cadenze regolari secondo programmi stabiliti dai singoli governi nazionali per soddisfare il fabbisogno del Paese;

- possibilità di impostare diverse strategie di trading: attraverso l'accesso a tali strumenti è possibile, per gli investitori più esperti, "scommettere" sulla futura pendenza della curva dei rendimenti di un paese, oppure sull'andamento del differenziale tra i tassi di rendimento di titoli similari appartenenti a curve di paesi diversi;

- alto livello di liquidità: la semplicità delle strutture e gli elevati quantitativi emessi contribuiscono a dare a questi strumenti un alto livello di liquidabilità, garantito da numerose proposte in acquisto e in vendita che facilitano la possibilità per gli investitori di negoziare in ogni momento il titolo stesso.

Nel dettaglio i Titoli di Stato italiani, si dividono in Buoni Ordinari del Tesoro (BOT), Certificati del Tesoro Zero Coupon (CTZ), Certificati di Credito del Tesoro (CCT/CCTeu), Buoni del Tesoro Poliennali (BTP), Buoni del Tesoro Poliennali indicizzati all'Inflazione Europea (BTP€i) e BTP Italia.

1) Le emissioni rivolte al mercato domestico

I titoli di Stato italiani vengono emessi dalla Repubblica Italiana, per il tramite del Ministero dell'Economia e delle Finanze (MEF) che si avvale della collaborazione di Banca d'Italia per l'organizzazione e la conduzione dell'attività di collocamento. Sono suddivisi in sette tipologie di strumenti disponibili sia per gli investitori privati sia per gli istituzionali e si differenziano essenzialmente per la durata dello strumento, la possibile indicizzazione e la modalità di remunerazione degli interessi. Di seguito le diverse tipologie, riconducibili a tre ulteriori macro-categorie: i Titoli di Stato zero coupon, a tasso variabile e a tasso fisso.

I Titoli di Stato zero coupon: strumenti che non prevedono la corresponsione di cedole periodiche. La remunerazione è rappresentata dal rendimento implicito pari alla differenza tra il valore nominale a rimborso ed il prezzo di emissione.

Buoni Ordinari del Tesoro (BOT)

Sono titoli a breve termine che vengono emessi in asta competitiva con scadenza a 3, 6 e 12 mesi, o qualsiasi altra durata compresa entro l'anno (cosiddetti BOT flessibili). Al termine dell'anno il MEF pubblica il calendario per le emissioni dei dodici mesi successivi. I collocamenti avvengono di norma a metà mese per i titoli con scadenze a 1 anno e a fine mese per i titoli con scadenza a 6 mesi. Le emissioni a 3 mesi avvengono, invece, nell'asta di metà mese ma solo se sussistono particolari esigenze di cassa da parte dello Stato, mentre le emissioni cosiddette flessibili avvengono quando le necessità di liquidità lo esigono. I titoli possono essere negoziati sul mercato MOT in modalità tel quel, ed i contratti sono regolati due giorni dopo la conclusione.

Certificati del Tesoro Zero Coupon (CTZ)

Sono titoli con durata pari a 24 mesi emessi tramite asta marginale mensilmente in concomitanza con i BOT a sei mesi. Sono negoziati sul mercato MOT in modalità tel quel ed i contratti sono regolati tre giorni dopo la conclusione.

I Titoli di Stato a tasso variabile

Certificati di Credito del Tesoro (CCT)

Sono titoli con la durata di 7 anni, emessi tramite asta marginale, le cui cedole semestrali sono date dal rendimento annuale dei Buoni Ordinari del Tesoro a sei mesi registrato nell'asta precedente l'inizio godimento della cedola moltiplicato per 0,5 e dunque aumentato di uno spread di 15 punti base; sulla remunerazione dei titoli incide anche lo scarto d'emissione, dato dalla differenza tra il valore nominale ed il prezzo di emissione. Sono negoziati sul mercato MOT in modalità corso secco ed i contratti sono regolati tre giorni dopo la conclusione.

Certificati di Credito del Tesoro (CCTeu)

Sono titoli solitamente di durata di 7 anni e mai di durata inferiore ai cinque anni, emessi tramite asta marginale, che pagano cedole semestrali pari al tasso Euribor 6 mesi maggiorato di uno spread e moltiplicato per la base di calcolo ACT/360. Il tasso Euribor è rilevato due giorni lavorativi antecedenti il godimento della cedola. Come per i CCT, sulla remunerazione incide anche lo scarto d'emissione. Sono negoziati sul mercato MOT in modalità corso secco ed i contratti sono regolati tre giorni dopo la conclusione.

Buoni del Tesoro Poliennali indicizzati all'Inflazione Europea (BTP€i)

Sono titoli a medio-lungo termine con scadenze a 5, 10, 15 o 30 anni, emessi mensilmente in concomitanza dell'asta di fine mese, che garantiscono una protezione contro l'aumento del livello dei prezzi in Europa. Infatti, sia il capitale rimborsato a scadenza, sia le cedole semestrali di questi titoli sono rivalutati in base all'andamento dell'inflazione europea, misurato dall'Indice Armonizzato dei Prezzi al Consumo nell'area dell'euro (IAPC) con esclusione del tabacco. Sono negoziati sul mercato MOT in modalità corso secco ed i contratti sono regolati tre giorni dopo la conclusione.

BTP Italia

Sono titoli con scadenza a 4 anni che garantiscono una protezione contro l'aumento del livello dei prezzi in Italia. Infatti, sia il capitale sia le cedole sono rivalutati in base all'andamento dell'inflazione italiana, misurato dall'indice ISTAT dei prezzi al consumo per famiglie di operai e impiegati (FOI), con frequenza semestrale. Sono gli unici Titoli di Stato distribuiti esclusivamente sul mercato MOT prima dell'emissione e del regolamento. A partire dalla data di emissione negoziano in modalità corso secco ed i contratti sono regolati tre giorni dopo la conclusione.

I Titoli di Stato a tasso fisso

Buoni del Tesoro Poliennali (BTP)

Sono titoli a medio-lungo termine con scadenze a 3, 5, 10 o 15 anni, emessi tramite asta marginale, che pagano cedole semestrali a tasso fisso costante. I titoli a 3 anni sono emessi due volte al mese, i titoli a 5 e 10 anni sono emessi mensilmente in concomitanza dell'asta di metà mese ed infine i titoli a 15 e 30 anni sono emessi trimestralmente. Sono negoziati sul mercato MOT in modalità corso secco ed i contratti sono regolati tre giorni dopo la conclusione.

2) Le emissioni rivolte ai mercati internazionali

Oltre alle suddette categorie di strumenti oggetto delle emissioni sul mercato domestico, la Repubblica italiana si avvale inoltre di una significativa attività sui mercati internazionali, al fine diversificare la base degli investitori internazionali in titoli di Stato italiani contenendo così il costo complessivo della provvista ed il rischio connesso al rifinanziamento del debito.

Le diverse modalità di accesso ai mercati esteri utilizzate dalla nostra Repubblica sono essenzialmente riconducibili ai tre programmi di emissione di seguito riportati:

- Il Programma "Global bond"

- Il Programma di prestiti a medio termine, "Medium Term Note Program"

- Il Programma di carta commerciale

I titoli emessi rappresentano prestiti non subordinati, con lo stesso status dei titoli emessi sul mercato domestico. La caratteristica distintiva delle emissioni sui mercati internazionali risiede soprattutto nelle diverse modalità di collocamento, ovvero le fasi di sottoscrizione e di distribuzione; inoltre, pure essendo prevalenti le emissioni in euro, le valute di denominazione dei titoli possono essere variegate (dollari, yen...).

I proventi derivanti dalle emissioni di titoli in valute estere sono generalmente convertiti in euro grazie ad operazioni di swap. Pertanto, lo stock di debito della Repubblica viene calcolato tenendo conto dei controvalori in euro derivanti dalle eventuali operazioni di swap più che non dei nominali emessi nella valuta originaria (Composizione debito distinto per valuta dopo swap).

IL DEBITO PUBBLICO ITALIANO (1950-2012)

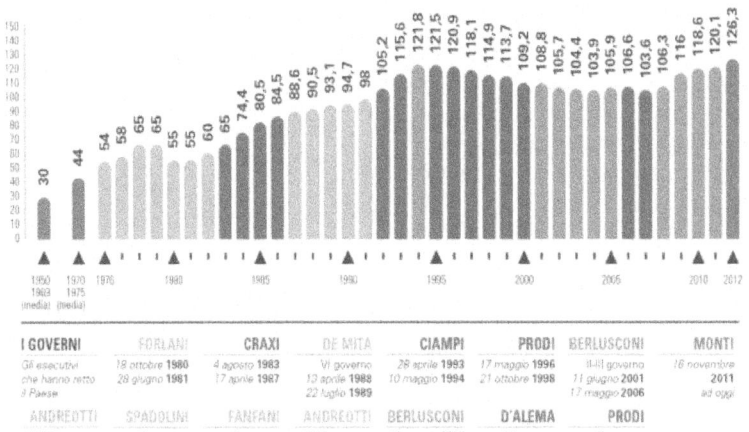

Fonte: Linkiesta

RINGRAZIAMENTI

Si ringraziano le persone che, con il loro supporto tecnico e morale – diretto e indiretto – hanno contribuito alla realizzazione di questo volume:

Ambrosetti Club, Borsa Italiana, Dipartimento del Tesoro, Famiglia Fugazzi, Italoeuropeo, Linkiesta, London School of Journalism, Micheal Smurfit Graduate School of Business, Picchi Team 2013, Ragioneria Generale dello Stato, Sce Jacopo, Sorrentino Maria Rosaria e Wood John.

Un ringraziamento particolare a Bultrini Bogdan, Del Pidio Patrizia e Lecci Enzo di Investire Oggi.

Finiamola una volta per tutte con l'unica crisi pericolosa, che è la tragedia di non voler lottare per superarla.

Albert Einstein

www.ingramcontent.com/pod-product-compliance
Lightning Source LLC
Chambersburg PA
CBHW060851170526
45158CB00001B/307